SVLTO

Die Kritik von Arendt und Luxemburg an der Konsumgesellschaft, an Propaganda und an mangelnden politischen Partizipationsmöglichkeiten könnte aktueller nicht sein. Beide waren sie überzeugt von der Notwendigkeit und auch der Möglichkeit fundamentaler Veränderungen. Gerade in krisenhaften Zeiten bieten die beiden kritischen Denkerinnen optimistische Fingerzeige. An Episoden aus dem Leben dieser ebenso eigensinnigen wie klugen Frauen zeigt die niederländische Philosophin Joke J. Hermsen auf bestechende Weise, dass die beiden Ikonen sich von ihrer Liebe zur Welt nie abbringen ließen.

Joke J. Hermsen

Rosa und Hannah
Das Blatt wenden

Aus dem Niederländischen
von Gerd Busse

Verlag Klaus Wagenbach   Berlin

»Es ist und bleibt immer die revolutionärste Tat,
laut zu sagen, was ist.«

Rosa Luxemburg

»Sprechend und handelnd schalten wir uns in die
Welt der Menschen ein.«

Hannah Arendt

»Zweifle nie daran, dass eine kleine Gruppe
nachdenklicher, engagierter Menschen die Welt
verändern kann; tatsächlich ist es die einzige Art
und Weise, in der die Welt
jemals verändert wurde.«

Margaret Mead

1.

Als ich mich im Spätsommer 2018 über das Werk Rosa Luxemburgs beugte, flammten politische Proteste in der Umgebung unseres Dorfs in der Bourgogne auf. Die Leute revoltierten gegen Präsident Macron, weil er entgegen seinen Wahlversprechen noch nichts für die verarmten ländlichen Regionen in Frankreich getan hatte, wohl aber angekündigt hatte, die Steuern, unter anderem auf Benzin, zu erhöhen. Ob mit oder ohne Arbeit, es gelang nur wenigen, *jusqu'à la fin du mois*, bis Ende des Monats mit dem Geld auszukommen, während ausgerechnet die Elite ein kleines Geschenk in Form der Abschaffung der Vermögenssteuer erhalten hatte. Von all den schönen Plänen, die die Partei *En marche* zu den Wahlen in Aussicht gestellt hatte, war bisher wenig umgesetzt worden; das Leben war einfach nur teurer und schwerer geworden. »Ich kann nicht mehr«, seufzte meine Nachbarin, die viele Jahre als Krankenschwester gearbeitet hatte und nun zusehen musste, wie sie mit ihrer bescheidenen Rente über die Runden kam. Ein paar Wochen später zeigte sich, dass ihr persönlicher Stoßseufzer Teil eines sehr viel breiter getragenen Gefühls der Frustration war, das alsbald nicht nur in der Bourgogne, sondern in ganz Frankreich zu einem langanhaltenden Volksaufstand führen sollte.

Einst war die Mehrheit der Bevölkerung in der Nièvre, dem westlichen Teil der Bourgogne, dort, wo wir seit zehn Jahren eine alte Herberge restaurieren, in der Land- oder Forstwirtschaft beschäftigt gewesen. Oder man hatte eine Kneipe, eine Backstube oder ein Lebensmittelgeschäft im Dorf betrieben, so wie es die Mutter meiner Nachbarin ihr ganzes Leben lang getan hatte. Doch inzwischen sind die meisten Kneipen und Geschäfte in den kleinen und größeren Dörfern um uns herum geschlossen, und nur noch ein paar Bauern bewirtschaften die vielen Tausenden von Hektar landwirtschaftlicher Fläche. Einkäufe können nur mit dem Auto in der Filiale einer großen Supermarktkette erledigt werden, derselben Kette, die den Bauern immer niedrigere Preise für ihr Getreide und ihre Milch bezahlt. Auch für den Besuch eines Arztes, eines Postamts oder einer Apotheke müssen viele Kilometer mit dem Auto zurückgelegt werden. Auch deshalb kam die von der Regierung Macron vorgeschlagene Erhöhung des Benzinpreises so schlecht an.

Schriftsteller wie Victor Hugo und Émile Zola haben in Romanen wie *Les Miserables* (1862, auf Deutsch: *Die Elenden*) und *Germinal* (1885) die Armut und die schwierigen Lebensbedingungen der unteren Schichten der französischen Bevölkerung im 19. Jahrhundert beschrieben. Gut ein Jahrhundert später sind bei Schriftstellerinnen und Schriftstellern wie Annie Ernaux, Didier Eribon und Édouard Louis sowohl die wirtschaftliche Ungleichheit als auch die Klassenunterschiede erneut ein Thema. Mit kaum verhohlener Wut klagt der letztgenannte junge Schriftsteller – Sohn eines Arbeiters, der durch einen Unfall in der Fabrik

arbeitsunfähig wurde – in *Qui a tué mon père?*
(2018; auf Deutsch: *Wer hat meinen Vater umge-
bracht*) die politische Führung in Frankreich an, der
er soziales Dominanzstreben und eine Geringschät-
zung der Unterschichten vorwirft. Anfang Oktober
2019 hielt Édouard Louis einen leidenschaftlichen
Vortrag über sein Buch im brechend vollen Paradi-
so in Amsterdam, dem Konzertsaal, in dem schon
Popgiganten wie die Rolling Stones, Patti Smith,
Pink Floyd, Prince, Amy Winehouse oder David
Bowie aufgetreten sind. Er legte dar, dass in Frankreich der neoliberale Kapitalismus in Verbindung
mit Elitarismus und Technokratie eine Unterschicht
hervorgebracht habe, die zu einem »miserablen«
und menschenunwürdigen Leben verdammt sei.
Er prophezeite, dass dies zu großer politischer Unruhe führen werde, und bekam damit, früher als er
es selbst erwartet hatte, Recht. Zwei Wochen später
sollten die ersten Gelbwesten in Frankreich die Straßen und Verkehrskreisel besetzen und gut siebzig
(!) Samstage hintereinander in großen und kleine-
ren französischen Städten Protestdemonstrationen
gegen die Politik Macrons abhalten.

Frankreich bot 2018 jedoch nicht die einzige Bühne für politische Proteste. Auch in anderen europäischen Ländern wie Spanien, Italien, Serbien, Österreich, Polen und Deutschland gingen die Menschen
in dem Jahr in großer Zahl auf die Straße, um gegen
wirtschaftliches Unrecht, sexuelle Gewalt oder, unter der überraschenden Führung der schwedischen
Schülerin Greta Thunberg, gegen die Klimakrise
zu protestieren. Sogar in meinem Land, den Nie-

derlanden, das eher für sein »Poldermodell« der Suche nach politischen Kompromissen als für seinen revolutionären Elan bekannt ist, markierte das Jahr 2018 den Beginn einer eindrucksvollen Reihe von Demonstrationen unter anderem gegen die Sparmaßnahmen im Gesundheits- und Bildungswesen – erstmals in der Geschichte marschierten Professoren Arm in Arm mit Studierenden –, gegen die rassistische Folklore des *Zwarte Piet* und gegen den Klimawandel.

Nicht nur die Temperaturen stiegen weiter an, während die Gletscher schmolzen, auch die Gemüter der Welt erhitzten sich kräftig. Außerhalb Europas zeigte sich politisch ein ähnliches Bild. Nach dem »Arabischen Frühling«, der ab dem Dezember 2010 eine Welle von Aufständen und Revolutionen in Tunesien, Ägypten, Libyen und Syrien sowie im Iran und dem Jemen hervorgebracht hatte, ging in den darauffolgenden Jahren unter anderem die Bevölkerung Indiens, Brasiliens, Venezuelas, Chiles, der USA und Hongkongs auf die Straße, um gegen Armut, Gewalt, Unterdrückung oder die Korruption der politischen Führung zu demonstrieren. An vielen Orten brach die Zahl der teilnehmenden Demonstranten Rekorde. So wurden in den USA Protestmärsche organisiert, die zwischen anderthalb und zwei Millionen Teilnehmerinnen und Teilnehmer auf die Beine brachten, darunter der *Women's March* gegen Diskriminierung und sexuelle Gewalt sowie der *March for our lives* gegen die Zunahme der Gewalt durch Schusswaffengebrauch. Die Ermordung des unbewaffneten zweiundzwanzigjährigen

Afroamerikaners Stephon Clark durch die Polizei von Sacramento führte zu einer Reihe von Demonstrationen gegen Polizeigewalt, die sich knapp zwei Jahre später mit dem Mord an George Floyd zur weltweiten Protestbewegung des *Black Lives Matter* auswachsen sollte.

Dass ein Volksaufstand immer unerwartet geschieht, lernte ich in diesem Spätsommer von Rosa Luxemburg (1871–1919) und den französischen Gelbwesten. Massive Proteste werden selten von oben gesteuert, sondern entstehen meist von unten, aus der Bevölkerung selbst heraus; der Moment, in dem der Aufstand losbricht, bleibt daher ungewiss. Es stecke etwas Ungreifbares und Unsicheres im Herzen eines jeden politischen Kampfes, glaubte Luxemburg, weil politische Umwälzungen sich nun mal nicht nach »fix und fertigen Rezepten« oder Parteidoktrinen vollzögen, sondern vom Willen des Volkes abhingen – und der könne, wie wir aus der Geschichte gelernt hätten, äußerst launisch und flatterhaft sein. Obwohl Unsicherheit es schwierig mache, einen Aufstand zu organisieren, müssten wir sie dennoch zu schätzen wissen, da sie unsere Freiheit des Denkens und Handelns garantiere, schrieb Luxemburg in ihrem kritischen Text über *Die russische Revolution* (zuerst veröffentlicht 1922 von Paul Levi nach einem handschriftlichen Manuskript aus dem Nachlass). Darin warf sie Lenin unter anderem vor, dass er diese Freiheit umgehend durch dogmatische Regeln und bedingungslose Treue zur (einen und einzigen) Partei ersetzt und so versucht habe, die Unsicherheit so weit wie möglich einzuhegen.

Vor gut hundert Jahren sprach sich Rosa Luxemburg für eine Welt der sozialen und wirtschaftlichen Gerechtigkeit aus, die ihr zufolge nur dann zur Entfaltung kommen könne, wenn die diktatorische Herrschaft des russischen Zaren und des deutschen Kaisers durch eine sozialistische Demokratie abgelöst würde. Sowohl der Zar als auch der Kaiser wurden 1917 beziehungsweise 1918 vertrieben, doch das führte weder in Russland noch in Deutschland zu der auf Volksräten basierenden Demokratie, die ihr vorschwebte; bis zu ihrem Tod blieb Luxemburg eine scharfe Kritikerin sowohl der revolutionären russischen wie auch der deutschen sozialdemokratischen Regierung. Kritik äußern, Widerstand üben und Rebellieren waren für Luxemburg politische Handlungen par excellence, die die spezifisch menschliche Fähigkeit zum Ausdruck bringen, zu Unrecht »Nein« zu sagen.

In Kombination mit ihrem Gerechtigkeitssinn drängte es Luxemburg stets zu politischer Freiheit, auch wenn es sie immer wieder ins Gefängnis brachte. Selbständiges Denken, ein unabhängiges Urteil und die Freiheit der Meinungsäußerung waren für sie unendlich viel wichtiger als die Befolgung eines Parteiprogramms. »Nicht durch Erzeugung einer revolutionären Hurrastimmung, sondern umgekehrt: nur durch Einsicht in den ganzen furchtbaren Ernst, die ganze Kompliziertheit der Aufgaben, aus politischer Reife und geistiger Selbständigkeit, aus kritischer Urteilsfähigkeit der Massen [...], kann die geschichtliche Aktionsfähigkeit« gelingen, schrieb sie in *Die russische Revolution*. Lenin betrieb ihr zufolge eine diktatorische Form der Machtpolitik, er lasse unzulässige Parteiprivilegien zu und wolle der Bevölkerung jegliche politische Freiheit nehmen. Für Rosa Luxemburg wurde der demokratische Sozialismus nicht in Russland verwirklicht, sondern wartet noch auf seine Erfüllung. Lenin gab den Auftrag, alle Exemplare des posthum veröffentlichten Texts zu verbrennen, doch zum Glück für uns und unsere Möglichkeit, die Geschichte zu interpretieren, hatte er damit keinen Erfolg.

Es war Hannah Arendt (1906–1973), die mich in diesem Sommer auf dem Land in Frankreich, als ich noch einmal ihren Text *Men in Dark Times* (1968; auf Deutsch: *Menschen in finsteren Zeiten*, 1989) las, zum Werk von Luxemburg leitete. Wie sich »in politisch finsteren Zeiten [...], wenn es gut geht, eine Menschlichkeit eigener Art« entfalten kann, fragte sich Arendt und suchte die Antwort bei Autoren wie Karl Jaspers, Bertolt Brecht, Walter Benjamin und Rosa Luxemburg. Die Welt werde finster, wenn Menschen keine gemeinsame Verantwortlichkeit mehr spürten, sich nur noch um ihre individuellen Belange kümmerten und dem Bereich der Politik derart misstrauten, dass sie ihm den Rücken zukehrten. Die Gefahr einer solchen Entpolitisierung wird von Arendt auch »Weltlosigkeit« genannt, die aus ihrer Sicht fast immer in die Barbarei münde. Die Frage ist, inwieweit wir wieder in »finsteren Zeiten« zu landen drohen, nun da Nationalismus und Xenophobie überall aufs Neue das Haupt erheben, Individualismus und Kapitalismus fröhliche Urständ feiern und das Vertrauen in die politischen Institutionen immer mehr abnimmt.

In ihrem erstmals in *The New Yorker* veröffentlichten Essay über Rosa Luxemburg, *A Heroine of Revolution* (1966) beschreibt Arendt ihre Bewunderung für die polnische Publizistin und Politikerin, die im Laufe des zwanzigsten Jahrhunderts zu einer Ikone für den Kampf gegen Ungerechtigkeit wurde. Arendts positives Urteil wunderte mich zunächst, da ich geglaubt hatte, dass sie Luxemburgs Ideen wegen ihrer Kritik am Marxismus nicht besonders schätzen würde, doch darin hatte ich mich gründlich getäuscht. Arendt nennt Luxemburgs Studie über *Die Akkumulation des Kapitals* (1913), in der sie darlegt, dass das akkumulierte Kapital nicht bei der Bevölkerung landet, sondern in den Taschen einer kleinen Zahl von vermögenden Unternehmen und Privatpersonen verschwindet, sogar »genial« und lobt sowohl Luxemburgs politischen Freiheitsdrang als auch ihren Aufruf zum gewaltlosen Widerstand. Arendt stellt sich in ihrem Essay die Leitfrage, ob sich die Geschichte anders ausnehme, wenn wir sie durch das Prisma des Lebens und Werks von Rosa Luxemburg betrachten.

Mein Interesse war geweckt, und ich begann, Texte von Luxemburg zu lesen, während die Proteste um uns herum in der Bourgogne immer lauter wurden und die ersten Plakate, die den Rücktritt des französischen Präsidenten forderten, an den Mauern und den Wartehäuschen der Bushaltestellen hingen. Niemals zuvor hatte ich etwas von Luxemburg gelesen, vielleicht weil mich der Kult rund um ihre Person abgeschreckt hatte. Zu meiner Überraschung entdeckte ich nicht nur Schnittstellen zu meinen eigenen Texten – wie etwa in dem zunehmenden Arbeitsdruck in einer Gesellschaft, in der Zeit »Geld« geworden ist, oder in der Entfremdung, die in Verzweiflung und Stress mündet –, sondern auch entscheidende Begriffe wie Spontaneität, politische Freiheit sowie die Volks- oder Bürgerräte, die eine wichtige Rolle in ihrem Werk spielen.

Rosa Luxemburg, gegen Ende des neunzehnten Jahrhunderts geboren und in einer jüdischen Familie in Polen aufgewachsen, war davon überzeugt, dass ein Volksaufstand nur gelingen könne, wenn er »spontan« aus der Bevölkerung heraus entstünde. Spontaneität verwies für sie, übrigens ebenso wie für Arendt, auf die Freiheit, die Menschen sich nehmen können, um etwas Neues in Gang zu setzen, das zu einer notwendigen Unterbrechung oder zum Umsturz des alten Systems führen kann. Die Voraussetzungen für eine solche spontane Intervention sind ein kritisches Bewusstsein, politische Verbundenheit mit der Welt und Enthusiasmus; die Mittel, die der Bevölkerung zur Verfügung stehen, sind Demonstrationen und Streiks, aber auch das Organisieren von Vorträgen und Debatten, das Schreiben von Zeitungsartikeln, Essays und Pamphleten wie auch, ebenso wichtig, die Vereinigung der kritischen Stimmen in Gruppen, Bewegungen oder Gesellschaften, aus denen gemeinsames politisches Handeln erwachsen kann.

Die Arbeit niederlegen, auf die Straße gehen, die Stimme erheben und sich politisch organisieren war Luxemburg zufolge der wirksamste Weg, Veränderungen zu bewirken. Sie wollte vor allem auch den unteren Schichten der Bevölkerung ihre Fähigkeit zu politischem Handeln bewusst machen und bereiste Anfang des zwanzigsten Jahrhunderts ganz Europa, um ihnen »die Unerträglichkeit jenes sozialen und ökonomischen Daseins« bewusst werden zu lassen, »das sie Jahrzehnte in den Ketten des Kapitalismus geduldig« ertragen hatten, wie sie in *Massenstreik, Partei und Gewerkschaften* (1906) schrieb. Luxemburg war eine politische Denkerin mit einem auch stark pädagogischen und emanzipatorischen Programm; sie drängte darauf, dass jeder gleiche Chancen auf eine gute Schulbildung bekam, und unterrichtete jahrelang an einer Hochschule, wo sie eine beliebte Dozentin war. Sich Wissen aneignen ist unentbehrlich, um spontan in Bewegung kommen zu können. Doch das gilt bemerkenswerterweise auch in umgekehrter Weise, denn, so lautet eine ihrer berühmten Aussagen: »Wer sich nicht bewegt, spürt seine Fesseln nicht!«

Neben Polen, Russland und der Schweiz steuerte Rosa Luxemburg auf ihrer Europarundreise auch die Niederlande an, wo seit dem Eisenbahnerstreik 1903 die Anhängerschaft des demokratischen Sozialismus beträchtlich gewachsen war; sie schloss Freundschaft mit der Dichterin und Politikerin Henriette Roland Holst wie auch mit Pieter Jelles Troelstra und Herman Gorter, beide ebenfalls Dichter und Politiker. Im Jahr 1904 sprach sie im überfüllten Concertgebouw in Amsterdam über die Notwendigkeit wirtschaftlicher Gerechtigkeit und internationaler Solidarität, an der es angesichts der Streitereien untereinander oft mangelte. »Wer Rosa Luxemburg in diesen Tagen in Amsterdam sah«, schrieb Henriette Roland Holst in ihrer 1935 veröffentlichten Biographie über Luxemburg – einer der ersten –, »wie sie hüftenwiegend durch die sonnigen Straßen ging, mit einem Gesicht, das in der Entspannung aufblühte nach der stundenlangen Anstrengung des Sprechens oder Uebersetzens, mit einer Stimme und einem Lachen voll Charme und Uebermut –, wer sie so sah, behielt für immer die Erinnerung an ihren außergewöhnlichen Liebreiz«. Das Bild, das sich aus ihren Briefen und den Biographien von Nettl (1967), Frölich (1939) und Hetmann (1979) ergibt, ist das einer um die Menschheit besorgten Politikerin, einer scharfsinnigen Intellektuellen, die manchmal mit beißendem Spott ihren politischen Gegnern den Mund stopfte, sowie einer von Leidenschaft getriebenen Aktivistin, die es als ihre Lebensaufgabe ansah, Unrecht und Armut in der Welt zu bekämpfen.

2.

Das Erste, was ich in diesem Sommer von Rosa Luxemburg las, waren ihre Briefe, die mich sofort für
sie einnahmen. Neben ihrem überschäumenden Stil
lässt sie in diesen Briefen eine große Liebe zur Literatur, Musik und zur Kunst erkennen – mit Goethe,
Mozart und Rembrandt als ihren Favoriten – und
bezeugt unermüdlich, was Hannah Arendt später
den *amor mundi* nennen sollte: die Liebe zur und
die Verantwortung für die Welt. »Ich fühle mich in
der ganzen Welt zu Hause, wo es Wolken und Vögel
und Menschentränen gibt«, schrieb sie am 16. Februar 1917 in einem Brief an Mathilde Wurm aus dem
Gefängnis. Mehr als ein paar »wunderschöne rosige
Wolken über meiner Festungsmauer« vor Augen,
das Singen einer Kohlmeise zu hören und das Re-
zitieren von Gedichten (von Goethe oder Mörike)
hinter dem vergitterten Zellenfenster blieben ihr in
dieser Zeit auch nicht. Ihre Welt war auf eine dunkle Zelle zusammengeschrumpft, in der sie dennoch
versuchte, sich mit ein paar Pflanzenstecklingen
und Büchern »zu Hause« zu fühlen.

Sie schrieb dort die berühmten *Briefe aus dem
Gefängnis*, die erstmals 1920 veröffentlicht wurden,
danach ein halbes Jahrhundert auf eine Neuausgabe
warteten und nun dank der vielen Übersetzungen
überall auf der Welt neue Leserinnen und Leser finden. Die erweiterte und rund 250 Briefe umfassende
englische Ausgabe *The Letters of Rosa Luxemburg*

(Verso 2011) wurde von manchen Kritikern lobend besprochen; sie gehören zu den schönsten Briefwechseln des frühen zwanzigsten Jahrhunderts. »[E]s gab ein Gewitter, ein kurzes, kräftiges Gewitter mit heftigem Platzregen und zwei krachenden Donnerschlägen, bei denen alles erbebte. Darauf folgte ein Bild, das mir unvergeßlich bleibt«, schrieb sie am 3. Juni 1917 an ihre Freundin Sonja Liebknecht, die Ehefrau Karl Liebknechts. »[E]ine stumpfe, fahle, gespenstische Dämmerung senkte sich plötzlich auf die Erde, es war, wie wenn dichte graue Schleier herabhingen; der Regen rieselte ganz leise und gleichmäßig auf die Blätter, das Wetterleuchten flammte einmal über das andere purpurrot in das bleierne Grau auf […]. Und mitten in all dieser gespenstischen Stimmung schlug plötzlich vor meinem Fenster auf dem Ahorn die Nachtigall! Mitten in den Regen, in Wetterleuchten, in Donner schmetterte sie wie eine helle Glocke, sie sang wie berauscht, wie besessen, wollte den Donner übertönen, die Dämmerung erhellen – ich habe nie so Schönes gehört. […] Das war so geheimnisvoll, so unbegreiflich schön, und ich wiederholte unwillkürlich den letzten Vers jenes Goethischen Gedichts: O wärst du da! …«

Die Briefe unterscheiden sich im Stil stark von Luxemburgs politischen Texten, die streitbarer im Ton und teilweise in dem damals gebräuchlichen marxistischen Idiom gehalten sind, heute jedoch manchmal ein wenig fremd klingen. Die Briefe sprühen vor Eigensinn und Originalität. Hannah Arendt rühmt die Briefe in ihrem Essay wegen »ihrer einfachen, anrührend menschlichen und manchmal geradezu poetischen Schönheit«. Und das sind sie in der Tat; selten habe ich einen Briefwechsel gelesen, in dem eine Stimme so plastisch und aus solcher Nähe zu mir sprach, so als hätte sie die Sätze gestern geschrieben und nicht schon vor hundert Jahren. Außerdem ließen die Briefe nichts heil am »falsche[n] Bild von der blutdürstigen ›Roten Rosa‹«, glaubte Arendt. Sie sei sogar die antimilitaristischste unter all den Revolutionären ihrer Zeit gewesen. Diese Meinung könnte sie sich auf Basis der persönlichen Erzählungen ihres Ehemanns Heinrich Blücher gebildet haben, der als Student während des Spartakusaufstands in Berlin 1919 an der Seite Luxemburgs und Liebknechts gekämpft hatte.

Neben dem Sichaneignen von Wissen über die Welt und die Natur besteht Luxemburg zufolge das edelste Streben des Menschen darin, ein guter Mensch zu sein, das heißt ein gutes und würdevolles Leben zu führen. »[S]ieh, daß Du *Mensch* bleibst«, schrieb sie Mathilde Wurm am 28. Dezember 1916. »Mensch sein ist von allem die Hauptsache. Und das heißt: fest, klar und *heiter* sein, ja, heiter trotz alledem.« Die Briefe sind übrigens selbst bemerkenswert »heiter« im Ton, vor allem, wenn man die wenig glücklichen Umstände bedenkt, unter denen sie geschrieben wurden: in einer kalten Gefängniszelle, in der Luxemburg wegen einer spöttischen Bemerkung an die Adresse des Kaisers mit vielen anderen zusammengepfercht saß.

Von 1916 an verbrachte Luxemburg wegen ihrer pazifistischen Überzeugungen und wiederholten

Aufrufe, »die Mordwaffen nicht gegen unsere französischen oder anderen ausländischen Brüder zu erheben«, gut zwei Jahre im Gefängnis. Ihre eigene Partei, die SPD, hatte zu ihrem Verdruss und ihrer großen Enttäuschung im August 1914 zugestimmt, die Kriegskredite zu erhöhen und an der Seite des deutschen Kaisers gegen Frankreich in den Kampf zu ziehen. Luxemburg sollte nie verstehen, warum die Parteigenossen nicht einsahen, dass dies mit einem verheerenden Krieg enden würde, der vor allem die eigene Basis träfe. Auch aus dem Gefängnis heraus wehrte sie sich weiter heftig gegen die Teilnahme an diesem Krieg, der ihr zufolge vor allem im Dienste ökonomischer und »imperialistischer« Interessen – der Verteilung kolonialisierter Gebiete – geführt wurde. Erst im Herbst 1918 kam sie wieder frei, als der Erste Weltkrieg zu Ende ging. Er forderte über fünfzehn Millionen Todesopfer und zählt damit zu den gewalttätigsten Konflikten in der Geschichte. Viel Lebenszeit war Rosa Luxemburg da nicht mehr vergönnt. Nur zwei Monate später, am 15. Januar 1919, während der kurzen Revolution, die im Nachkriegsdeutschland ausbrach, wurde Rosa Luxemburg kaltblütig ermordet.

Als ich in diesem Sommer in der Bourgogne ihre Briefe las, wurde ich nicht nur von der Schärfe ihrer Analyse und der poetischen Kraft ihrer Worte ergriffen, sondern auch von dem hoffnungsvollen Ton, der daraus sprach. Während dieser Jahre hatte sie, bis auf einen der seltenen Besuche, nur die Gesellschaft ihrer Bücher, Pflanzenstecklinge und einiger Vögel vor dem vergitterten Fenster. Dennoch verlor sie nie den Mut, arbeitete und schrieb weiter und gab die Hoffnung auf bessere Zeiten nur momenthaft auf. Sie schickte ihre langen Episteln wie Leuchtraketen über die hohen Festungsmauern des Gefängnisses zu ihren Freunden »draußen«, um deren Verzweiflung und Niedergeschlagenheit zu lindern. Wiederholt bemerkte sie, dass alles sich letztlich zum Guten wende oder »durch einen Zauberstab ins Gegenteil umschlagen, in ungeheuer Großes und Heldenhaftes umschlagen kann und [...] umschlagen muß«. Sie versuchte ihren Freunden nicht nur Mut zuzusprechen, sondern sie auch auf die Schönheit der Natur, der Poesie oder der Kunst hinzuweisen, damit diese ihnen auch unter widrigsten Umständen ein Dach über dem Kopf bieten und sie sich in der Welt weiter »zu Hause« fühlen könnten. Sie riet ihren Freunden nach Herzenslust zu Büchern – viel Goethe, Dostojewski, Korolenko und Anatole France – und zu Musik, wie etwa zum »Ave Maria« von Gounod, den Werken Mozarts oder den Liedern von Hugo Wolf.

Im Brief vom 16. November 1917 schrieb sie Sonja: »Wissen Sie, Sonjuscha, je länger das dauert und je mehr das Niederträchtige und Ungeheuerliche, das jeden Tag passiert, alle Grenzen und Maße übersteigt, um so ruhiger und fester werde ich innerlich, wie man gegenüber [...] einer Wasserflut, einer Sonnenfinsternis nicht sittliche Maßstäbe anwenden kann, sondern sie nur als etwas Gegebenes, als Gegenstand der Forschung und Erkenntnis betrachten muß. [...] Ich habe das Gefühl, daß dieser ganze moralische Schlamm, durch den wir waten, dieses große Irrenhaus, in dem wir leben, auf einmal, so von heute auf morgen durch einen Zauberstab ins Gegenteil umschlagen, in ungeheuer Großes und Heldenhaftes umschlagen kann und – wenn der Krieg noch ein paar Jahre dauern wird – umschlagen *muß*. [...] Man muß alles im gesellschaftlichen Geschehen wie im Privatleben nehmen: ruhig, großzügig und mit einem milden Lächeln. Ich glaube fest daran, daß sich schließlich alles nach dem Kriege oder zum Schluß des Krieges wendet, aber wir müssen offenbar erst durch eine Periode der schlimmsten, unmenschlichsten Leiden waten.«

Woher kann sie die Hoffnung genommen haben, trotz ihrer damals schon zweijährigen Gefangenschaft solche Briefe zu schreiben und sich bis zum letzten Tag mit Artikeln und Pamphleten, die aus dem Gefängnis geschmuggelt wurden, für die Beendigung des Krieges einzusetzen? Von blühenden Mimosen bis zu politisch-ökonomischen Problemen, von tschilpenden Spatzen und Meisen bis zur russischen, polnischen und deutschen Literatur: Es gab eigentlich nur wenig, für das Rosa Luxemburg kein Interesse aufbrachte.

Eines der ergreifendsten Beispiele ist der Weihnachtsbrief, den Rosa Luxemburg am 24. Dezember 1917 an Sonja Liebknecht schrieb. »Es sind meine dritten Weihnachten im Kittchen«, schreibt sie, »aber nehmen Sie´s ja nicht tragisch. [...] Da liege ich still, allein, gewickelt in diese vielfachen schwarzen Tücher der Finsternis, Langeweile, Unfreiheit, des Winters – und dabei klopft mein Herz von einer unbegreiflichen, unbekannten inneren Freude, wie wenn ich im strahlenden Sonnenschein über eine blühende Wiese gehen würde. Und ich lächle im Dunkeln dem Leben, wie wenn ich irgendein zauberhaftes Geheimnis wüßte, das alles Böse und Traurige Lügen straft und in lauter Helligkeit und Glück wandelt. […] Ich glaube, das Geheimnis ist nichts anderes als das Leben selbst […]. So ist das Leben, und so muß man es nehmen, tapfer, unverzagt und lächelnd – trotz alledem.«

Diese Hoffnung hat auch Hannah Arendt angesprochen. Sie schloss ihren Essay über Rosa Luxemburg seinerzeit mit den folgenden Worten: »Man möchte die Hoffnung nicht aufgeben, daß mit großer Verspätung doch noch erkannt wird, wer Rosa Luxemburg war und was sie geleistet hat – ebenso wie man weiter hoffen möchte, daß sie endlich ihren Platz im Pensum der Politologen der westlichen Welt finden möge.« Es scheint, dass gut ein halbes Jahrhundert später dieser Hoffnung doch noch Gehör geschenkt wird, wenn man die vielen Neuausgaben des Werks von Rosa Luxemburg und die internationalen Konferenzen sieht, die in den zurückliegenden Jahren in Paris, Berlin, Madrid, Seoul, Amsterdam und Chicago stattgefunden haben. Darüber hinaus sind diverse neue Essays und Studien zu ihrem Werk erschienen, wie etwa *Women in Dark Times* (2014) von Jacqueline Rose, *Rosa Luxemburg: Her Life & Legacy* (2013) von Jason Schulman, *Pensées rebelles* (2010) von Diane Lamoureux, *Rebellinnen* (2018) von Simone Frieling oder die meisterhafte Graphic Novel von Kate Evans, *Red Rosa* (2015).

Hoffnung macht blind, könnte man einwenden. Vielleicht – aber ohne Hoffnung können wir nahezu sicher sein, dass sich nichts ändern wird. Rosa Luxemburg war davon überzeugt, dass umgesteuert werden muss und man nicht länger auf demselben Weg bleiben kann. Solange es Lebenszeit gibt, gibt es auch Hoffnung. Wer nicht mehr hofft, hat von vornherein aufgegeben. In diesen Zeiten zunehmender Unruhe und Unsicherheit brauchen wir hoffnungsvolle Perspektiven, um Enttäuschungen und unser Wissen um Verlust und Vergänglichkeit zu ertragen. Ohne diese Hoffnung können wir weder an das Versprechen eines Neuanfangs noch an die Möglichkeit einer Veränderung glauben.

Die US-amerikanische Schriftstellerin und Aktivistin Rebecca Solnit schrieb 2016 ihren Essay *Hope in the Dark*, in dem sie die These vertritt, dass »Hoffnung ein Geschenk ist, das man niemals aufzugeben braucht, und eine Fähigkeit, die man niemals zu verlieren braucht«. An dieser Fähigkeit hat es Rosa Luxemburg sicher nicht gefehlt; ihre Briefe zeigen Mal um Mal, dass die Hoffnung eine der wichtigsten Triebfedern in ihrem politischen Kampf darstellte. Es ist jedoch die Frage, für wie viele diese motivierende Kraft heutzutage noch selbstverständlich ist. »Viele, und vor allem unsere politischen Gegner, wollen uns glauben machen, dass alles hoffnungslos ist«, schreibt Solnit, »und dass es keinen Sinn hat, auch nur irgendetwas zu tun.« Luxemburg vertrat seit ihrer Jugend die Überzeugung, dass der Kapitalismus in mancherlei Hinsicht, sowohl sozial als auch ökologisch, ein destruktives System sei,

das in ein anderes sozioökonomisches Modell um-
geformt werden müsse, während viele von uns mit
dem Gedanken leben, dass kein anderes System
möglich ist. Das bringt uns nicht viel weiter. Denn
wie fahren wir auf dieser Basis fort? Wie können wir
die Probleme angehen, wenn wir die Welt mit einem skeptischen oder zynischen Blick betrachten?

Rebecca Solnit hält uns die Hoffnung auf Veränderung vor Augen, weil ihr zufolge trotz der Zunahme
der Ungleichheit und der Gefahr des Klimawandels
wichtige Reformen zu beobachten sind: etwa das
Anwachsen von Protestgruppen gegen sexuelle und
ethnische Gewalt sowie von Graswurzelbewegun-
gen gegen die Klimapolitik und die, auch aus Wirt-
schaftskreisen, zunehmende Kritik am Hyperkapitalismus. Hoffnung bedeutet nach Solnits Auffassung,
dass man nicht die Augen vor dem Unrecht ver-
schließt, sondern dessen Folgen erkennt und schaut,
wie es anders und besser gehen könnte. Sie verkün-
det keine naive »Alles wird besser«-Geschichte, ist
jedoch durchaus an hoffnungsvollen Geschichten
interessiert, in denen spezifische Chancen und Möglichkeiten am Horizont aufschimmern.

Dass wir unsere Hoffnung aus den Geschichten
anderer schöpfen müssen, glaubt auch der in Brüs-
sel lebende albanische Philosoph Bleri Llieshi in seinem 2019 veröffentlichten Buch *De kracht van hoop*.
In diesem vom Leben und Werk Martin Luther
Kings inspirierten Essay schreibt Llieshi, dass wir
»in Zeiten des Zynismus begonnen haben, die Hoffnung immer mehr als etwas Naives zu sehen, obwohl
uns gerade die Hoffnung vorantreiben könnte.« Gut

zuhören und sich aufmerksam umschauen sind die Voraussetzungen, um hoffnungsvolle Initiativen inmitten vieler Unheilsbotschaften zu entdecken. Eine solche Suche hat auch der jüdische Philosoph Ernst Bloch beschrieben. In seinem Opus magnum über die Hoffnung, dem umfangreichen Buch *Das Prinzip Hoffnung* aus dem Jahr 1955, legt Bloch dar, dass vor allem Gefühle der Hoffnung und Erwartung den Menschen anspornen können, sich mit der heutigen, von destruktiven Kräften regierten Welt nicht mehr zufrieden zu geben. Er verbindet in dieser Studie politische und philosophische Analysen der Hoffnung mit Mythen, Sagen, Musik, Kunst und Literatur, um zu zeigen, wie sehr der Mensch, trotz des melancholischen Wissens um Zeit und Vergänglichkeit, ein Wesen ist, das zutiefst hofft und sich sehnt. Gerade diese Hoffnung versetzt uns in die Lage, den Status quo kritisch zu beleuchten, die ausgetretenen Pfade zu verlassen und sowohl uns selbst als auch die Gesellschaft dauerhaft weiterzuentwickeln. »Es kommt darauf an, das Hoffen zu lernen«, schrieb Bloch, »der Affekt des Hoffens geht aus sich heraus, macht die Menschen weit, statt sie zu verengen«.

Hoffnung ist kein schwammiges Konzept, sondern eine Voraussetzung, um sich zum Widerstand zu entschließen und der aktuellen Politik nicht länger schweigend zuzustimmen. Die Hoffnung ist der Kontrapunkt zur Melancholie; sie sorgt dafür, dass wir weder unserer Wehmut allzu sehr nachgeben noch uns zu sehr an Verlust und Abschied klammern, sondern uns im Gegenteil auf das richten, was »noch nicht« realisiert ist. In den zwei kleinen Worten *noch nicht* wird die Kraft der Hoffnung zusammengefasst. Menschen sind keine vollendeten oder realisierten Verfasstheiten, so wie beispielsweise ein Tisch »fertig« sein kann, sondern dank ihres Bewusstseins der Zeit, ihrer sprachlichen Fähigkeiten und ihrer Vorstellungskraft auf »ein Substrat von Möglichkeiten« gerichtet, einen Horizont des »noch nicht«. Mit dem richtigen Wissen und mit Aufmerksamkeit kann ein Schimmer des »noch nicht« aufgefangen werden. Die Kunst, die Musik und die Poesie können Bloch zufolge unsere Intuition dafür schärfen, weil sie an der Grenze zwischen dem Möglichen und dem Unmöglichen, dem Sagbaren und dem Unsagbaren, dem Sicheren und dem Unsicheren entstehen.

Hannah Arendt nannte ihre »Überzeugung, daß wir selbst dann, wenn die Zeiten am dunkelsten sind, das Recht haben, auf etwas Erhellung zu hoffen, und daß solche Erhellung weniger von Theorien und Begriffen als von jenem unsicheren, flackernden und oft schwachen Licht ausgehen könnte, welches einige Männer und Frauen unter beinahe allen Umständen in ihrem Leben und ihren Werken anzünden und über der ihnen auf der Erde gegebenen Lebenszeit leuchten lassen«. Dazu werden wir nicht nur mit der Lupe auf die Gegenwart schauen, sondern auch in der Vergangenheit graben müssen, nicht wegen einer nostalgischen Sehnsucht nach dem Gestern, sondern um besser verstehen zu können, was sich gegenwärtig vollzieht. Wir können uns bei den Dichtern und Denkern, die uns vorangegangen sind, Aufschluss verschaffen, um gerade jetzt wieder klar zu sehen. Auch Rebecca Solnit betont in einem Essay für *De Correspondent* aus dem Jahr 2018, dass wir die Vergangenheit studieren müssen, um weiterzukommen. »Wir haben eine Vergangenheit voller Siege und Umwälzungen, die uns, auch wenn sie nur noch selten benannt oder aufgewühlt werden, das Vertrauen geben können, dass wir die Welt verändern können. Wer nach vorn rudert, hat den Blick nach hinten gerichtet. Und über Geschichte zu reden, hilft dabei, Menschen in Richtung Zukunft zu lenken.« Hoffen bedeutet schließlich auch, gut auf das vorbereitet zu sein, was noch nicht da ist, und nicht zu verzweifeln, wenn dieser Moment etwas länger auf sich warten lässt.

Während des Sommers 2018 hatte ich mich auf die Suche nach philosophischen Konzepten gemacht, die mein Verständnis der Hoffnung schärfen und vertiefen könnten. Damit wollte ich an meinen Essay über die Melancholie – *Melancholie van de onrust* (2017) – anknüpfen, da die Melancholie unter anderem die Hoffnung braucht, um nicht in reinen Pessimismus umzuschlagen. Doch statt eines Konzepts fand ich eine Person oder besser gesagt, einen Menschen, Rosa Luxemburg, der sich sowohl in seinem Denken als auch in seinem Handeln von der Hoffnung auf eine bessere Welt hat leiten lassen. Am 15. Januar 2019 war es hundert Jahre her, dass Rosa Luxemburg in Berlin zusammen mit ihrem Freund und politischen Mitstreiter Karl Liebknecht ermordet wurde. Warum stößt ihr Werk gerade in diesen Tagen wieder auf Interesse?

3.

»Es ist und bleibt immer die revolutionärste Tat, laut zu sagen, was ist«, schrieb Rosa Luxemburg in einer Lassalle-Paraphrase, und genau das hat sie von klein auf gemacht. Geboren am 5. März 1871 in dem unter russischer Verwaltung stehenden polnischen Dorf Zamość, zog sie im Kindesalter mit ihrer Familie nach Warschau, wo sie als einziges jüdisches Mädchen das Gymnasium besuchen durfte. Dort bekam sie es schon bald mit den wenig sanften Methoden des zaristischen Regimes zu tun; es durfte an der Schule kein Polnisch gesprochen werden, und jeder Versuch zum Widerstand wurde hart sanktioniert. Als Tochter jüdischer Polen wurde sie als Schülerin zweiter Klasse behandelt. Obwohl sie die weiterführende Schule mit Bestnoten abschloss, wurde ihr – angeblich »wegen oppositioneller Haltung gegenüber den Behörden«, tatsächlich jedoch wegen ihres jüdischen Hintergrunds – die Goldmedaille, die ihr deswegen zustand, vorenthalten; das sollte ihr kritisches Bewusstsein schon frühzeitig schärfen.

Konfrontiert mit der Armut und den elenden Lebensbedingungen der weitaus meisten Einwohner Warschaus schloss sie sich bereits als fünfzehnjährige Schülerin der polnischen revolutionären Partei an und begann, die Werke Karl Marx' zu lesen. Sie gelangte mehr und mehr zu der Überzeugung, dass der durch den Kapitalismus verursachte »Klassenkampf« zwischen einer kleinen

Gruppe privilegierter Reicher und der überwiegenden Mehrheit notleidender Arbeiter, Soldaten, Handwerker und Beamter nur überwunden werden könne, wenn es einen demokratischen Sozialismus gäbe. Sie zögerte nicht, diese Meinung öffentlich zu vertreten, und musste, kaum achtzehn Jahre alt und versteckt unter einer Ladung Stroh auf einem Bauernkarren, aus dem Land fliehen. Mit gefälschten Papieren reiste sie weiter nach Zürich, seinerzeit ein Freihafen für russische, polnische und deutsche Sozialisten sowie zudem damals die einzige europäische Stadt, in der weibliche Studierende zur Universität zugelassen waren. Sie schloss ihr Studium der Philosophie, der Ökonomie und der Rechte *summa cum laude* mit ihrer Dissertation *Die industrielle Entwicklung Polens* ab. In Zürich begegnete sie dem aus Litauen stammenden Juden, Marxisten und Intellektuellen Leo Jogiches, der eine Weile ihr Geliebter war und mit dem sie bis an ihr Lebensende zusammenarbeiten sollte; sie bildeten gemeinsam den Kern der sozialdemokratischen Partei Polens und Litauens, der SDKPiL.

Im Jahr 1893 durfte Luxemburg die polnische revolutionäre Partei auf dem dritten Kongress der Sozialistischen Internationale in Zürich vertreten; sie war die einzige Frau, die teilnahm. Auf dem Kongress waren Hunderte europäische Sozialisten vertreten, unter ihnen der französische Politiker Jean Jaurès, der deutsche Politiker August Bebel, die niederländischen Politiker Ferdinand Domela Nieuwenhuis und Pieter Jelles Troelstra sowie einige Delegierte sozialdemokratischer Parteien aus den USA und Brasilien. Einige von ihnen, wie etwa Troelstra, berichteten über den starken Eindruck, den die kaum zweiundzwanzig Jahre alte Rosa Luxemburg auf dem Kongress hinterlassen hatte. Sie hielt dort eine glühende Rede, in der es um das Wachstum der polnischen sozialdemokratischen Partei ging und den tagtäglichen leidenschaftlichen Kampf gegen den russischen »Despotismus« und »Zarismus«. Sie betonte die großen Unterschiede im politischen Kampf, die es zwischen den verschiedenen Ländern gebe, und machte deutlich, dass die Sozialdemokratie im Westen »von Sieg zu Sieg schreitet«, während »wir im Osten unentwegt den Kampf mit dem russischen Despotismus« führen.

Im Archiv des Internationalen Instituts für Sozialgeschichte (IISG) in Amsterdam lagern mehrere Briefe Luxemburgs an niederländische Freunde aus dieser Zeit, unter anderem an die Schriftstellerin Henriette Roland Holst, die die Politikerin folgendermaßen beschrieb: »Ihre tiefe, wohlklingende Stimme, ihre ausgezeichnete Diktion, ihre große Selbstbeherrschung und die ruhige Sicherheit ihres Auftretens auf einem Kongress, auf dem die politischen Leidenschaften wiederholt den Siedepunkt erreichten, das alles machte einen tiefen Eindruck auf mich.« Sie erwähnt sowohl Luxemburgs »leidenschaftliches Temperament«, das sie regelmäßig mit anderen Parteimitgliedern in Konflikt brachte, als auch ihre »scharfe Ironie und ihren unbarmherzigen Spott« und kommt zu dem Schluss, dass sie »die genialste und furchtloseste Vertreterin des romantisch-sozialistischen Radikalismus« gewesen sei. Über das Prädikat »romantisch« hätte Luxemburg wahrscheinlich die Stirn gerunzelt, doch die Bemerkung Roland Holsts, »dass ihr tiefstes Wesen eine warme Menschlichkeit war« und sie, anders als ihre Kritiker, »niemals brutal oder roh in ihrer Kritik an anderen war«, hätte sie vielleicht zu würdigen gewusst. Denn Kritik musste Luxemburg ihr ganzes Leben lang in starkem Maße aushalten, meist handelte es sich dabei um Kritik antisemitischer oder misogyner Art. Nichtsdestotrotz konnte sie sich in der von Männern regierten Welt der Internationale behaupten, indem sie auf ihr Wissen, ihre Lebenslust und ihre rhetorischen Fähigkeiten vertraute.

Nach ihrem Studium, das sie zum Teil auch in Paris verbrachte, ließ Rosa Luxemburg sich 1898 in Berlin nieder, wo sie eine prominente Rolle in der Sozialdemokratischen Partei Deutschlands (SPD) spielen sollte. Sie freundete sich mit deutschen Politikern wie Karl Kautsky, Clara Zetkin und Karl Liebknecht an, die ebenso wie sie zum linken Flügel der Partei gehörten, und begann gegen eher gemäßigte Parteimitglieder zu polemisieren – etwa gegen Eduard Bernstein, der der Meinung war, dass auch eine allmähliche Reform des Kapitalismus die Lebensbedingungen der Arbeiter verbessern könne. Luxemburg glaubte indes nicht, dass das der richtige Weg war, um die immense Armut und die soziale Misere zu beenden, da er die klassischen Macht- und Produktionsverhältnisse im kaiserlichen Militärstaat Deutschlands nicht fundamental änderte. Sie bündelte ihre Kritik in einer Reihe von Artikeln, die gesammelt unter dem Titel *Sozialreform oder Revolution?* (1899) erschienen. Reformen seien selbstverständlich immer zu begrüßen, doch sie würden den Pakt, den das deutsche Kaiserreich mit dem Kapitalismus geschlossen hatte, nicht aufheben. Einzig eine kooperative Form der Ökonomie und eine sogenannte sozialistische »Rätedemokratie«, in der die Bevölkerung über »Volksräte« politische Mitbestimmungs- und Entscheidungsbefugnis erhielte, würde den Kapitalismus Luxemburg zufolge in seinem weltweiten Vormarsch aufhalten können. Auf Grundlage der Marx'schen Analyse der Pariser Kommune (1871) glaubte Luxemburg, dass die parlamentarische Demokratie um Volksräte, in denen die Bevölkerung strukturell bei wichtigen politischen Fragen mitdenkt und mitentscheidet, ergänzt werden müsste. Hannah Arendt griff später in ihrem Buch *On Revolution* (1966) Luxemburgs Vorschlag für Bürger- oder Volksräte auf und charakterisierte diese als »Oasen in der Wüste« des politischen Raums; sie seien eine Form direkter Demokratie, die nicht nur den Gemeinschaftssinn und die politische Beteiligung der Bevölkerung stärke, sondern auch den Wind aus den Segeln extremistischer Führer nehmen könne. Außerdem, glaubten sowohl Luxemburg als auch Arendt, seien politische Fragen viel zu wichtig, um sie ausschließlich Politikern zu überlassen.

Diese »Volksräte« könnten nicht nur dafür sorgen, dass sich die allgemeinen Lebens- und Arbeitsbedingungen verbesserten, sondern auch, dass die Wirtschaft so strukturiert werden würde, die

Bedürfnisse eines jeden auf gleichwertige Art und Weise zu befriedigen und für seine Nöte Abhilfe zu schaffen: keine kapitalistischen, sondern kooperative Produktionsweisen, wobei die Werktätigen den Produktionsprozess selbst bestimmten und Miteigentümer würden. Dies wäre kein Modell, das auf Gewinn für einige Wenige basierte, sondern würde ein Wirtschaftssystem ermöglichen, das auf den Pfeilern eines gemeinsamen und behutsamen Nießbrauchs von Waren, Landwirtschaftsflächen und Arbeitskraft ruhte. »In der sozialistischen Wirtschaft muß dies alles anders werden! Der private Unternehmer verschwindet. Die Produktion hat dann nicht mehr den Zweck, einen einzelnen zu bereichern«, schrieb Luxemburg in *Die Sozialisierung der Gesellschaft* (1918), »sondern der Allgemeinheit Mittel zur Befriedigung aller Bedürfnisse zu liefern«. Die Wirtschaft müsse zum Ziel haben, »allen ein menschenwürdiges Leben zu sichern, allen reichlich Nahrung, Kleidung und sonstige kulturelle Existenzmittel zu liefern«. Dazu müssten die Großunternehmen und Industrien »sozialisiert« werden, ein anderes Wort für »enteignen«, das heißt, sie wären nicht mehr Privateigentum der Direktion und der Aktionäre, sondern würden an alle Beschäftigten des »kooperativen« Unternehmens und die gesamte Gemeinschaft fallen.

Solche Ideen versetzen wohl manchen Leser des 21. Jahrhunderts – mit dem Erbe der Sowjetunion frisch im Gedächtnis – in ein etwas erschrecktes Erstaunen, mich zumindest. Luxemburg schrieb diesen Text jedoch lange bevor der Sozialismus in

Russland in Totalitarismus entartete – wovor sie selbst als eine der ersten Kritikerinnen gewarnt hatte. Sie fügte außerdem noch hinzu, dass diese »Sozialisierung sich vor allem auf die *Großbetriebe* in der Industrie und Landwirtschaft erstrecken wird«, bei denen das Verhältnis zwischen den erzielten Gewinnen und den Löhnen der Beschäftigten in ein völlig schiefes Verhältnis zueinander geraten sei. »Dem Kleinbauern und dem Kleinhandwerker, die sich mit eigener Arbeit auf ihrem Stückchen Land oder in ihrer Werkstatt durchschlagen, brauchen und wollen wir ihr bißchen Besitz nicht wegnehmen. Sie alle werden schon mit der Zeit freiwillig zu uns kommen und die Vorzüge des Sozialismus vor dem Privateigentum einsehen lernen. […] Nur wer irgendeine nützliche Arbeit für die Allgemeinheit verrichtet, sei es Handarbeit oder Kopfarbeit, darf beanspruchen, daß auch er Mittel zur Befriedigung seiner Bedürfnisse von der Gesellschaft zugewiesen bekommt. […] *Allgemeine Arbeitspflicht* für alle Arbeitsfähigen, wovon natürlich kleine Kinder sowie Greise und Kranke ausgenommen sind, ist in der sozialistischen Wirtschaft eine Selbstverständlichkeit. Für die Arbeitsunfähigen muß die Allgemeinheit ohne weiteres sorgen – nicht wie heute durch kümmerliche Almosen, sondern durch reichliche Verpflegung, gesellschaftliche Erziehung für Kinder, behagliche Versorgung für Alte, öffentliche Gesundheitspflege für Kranke usw.«

Es ging Rosa Luxemburg darum, den Menschen durch die Befreiung aus der Sphäre der Ungleichheit und Armut ihre Würde und zugleich die Autonomie über ihr Leben und ihre Arbeit zurückzugeben. »Unsere Würde als arbeitende Menschen – *notre dignité humaine* – wurde uns genommen«, hörte ich im Spätsommer 2018 jemanden im französischen Radio sagen, und dieser Satz sollte in den folgenden Monaten regelmäßig wiederkehren. Rosa Luxemburg schrieb, dass »Arbeit für viele heutzutage eine Qual oder Last bedeutet«. Deshalb müsste ihrer Ansicht nach bestimmten Punkten sehr viel mehr Aufmerksamkeit geschenkt werden als bisher: Es muss »auf die *Gesundheit* und die *Arbeitslust* die größte Rücksicht genommen werden. Kurze Arbeitszeit, die die normale Leistungsfähigkeit nicht übersteigt, gesunde Arbeitsräume, alle Mittel zur Erholung und Abwechslung der Arbeit müssen eingeführt werden, damit jeder mit Lust und Liebe an seinem Teil schafft.«

Wiederholt wies sie auch auf die Notwendigkeit ausreichender Ruhe, Ausbildung und andauernder Selbstentfaltung hin. Menschsein war für sie keine vollendete Tatsache, sondern ein fortwährendes Werden und Sich-Weiterentwickeln. Sie strebte die Emanzipation aller Menschen an, die sich in einer ihnen entsprechenden Richtung entwickeln dürfen, statt sich durch den Arbeitsdruck immer mehr von sich selbst – und von dem, was an Talenten und Möglichkeiten in ihnen schlummert – zu entfremden. Der Begriff »Entfremdung«, der von Marx in den auch als »Pariser Manuskripte« bekannten »Ökonomisch-philosophischen Manuskripten aus dem Jahre 1844« geprägt worden war, wurde von Luxemburg übernommen. Der Mensch – reduziert

auf ein Rädchen in einem riesigen Produktions-
apparat – entfremdet sich nicht nur seiner Arbeit,
sondern auch sich selbst und anderen. Der Kapitalismus zwingt die Werktätigen nicht nur zu einem
immer strafferen Arbeitstempo, so dass sie kaum
dazu kommen, sich weiterzuentwickeln, sondern
auch dazu, sich gegenseitig Konkurrenz zu machen.
So entfremdet er sie von ihrer menschlichen Art,
die in ihrem Wesen sozial ist.

Abgesehen von der Umformung eines kapitalistischen Modells in eine soziale Demokratie bieten
nach Ansicht Luxemburgs die Kunst, die Musik
und die Literatur, aber auch Kenntnisse im Bereich
von Natur und Wissenschaft ein wichtiges Gegen-
gewicht zur Entfremdung. Denn »entfremdet und
entwürdigt ist nicht nur der, der kein Brot hat«,
schrieb sie, »sondern auch der, der keinen Anteil an
den großen Gütern hat«.

4.

Während ich mich in das Werk Rosa Luxemburgs vertiefte, nahm der französische Volksaufstand in den ersten Herbstwochen ernsthaftere Formen an. Bauern warfen Heuballen auf die Straßen; hier und da wurde ein Gemeindehaus mit Milch oder Kunstdünger besudelt – Szenen, die in Frankreich auf dem Lande nicht ungewöhnlich sind. Ein paar Tage später wurden die Kreisverkehre in unserem Landstrich plötzlich von zahllosen *gilets jaunes* besetzt. Die örtliche Bevölkerung hatte spontan die gelben Westen angezogen, die jeder in Frankreich seit zwei Jahren im Auto haben muss – eine Maßnahme, die inzwischen von der französischen Regierung bedauert werden dürfte. Wir wussten nicht recht, was wir von alldem halten sollten. Die französische Presse berichtete zunächst, dass es sich um rechte oder populistische Aufrührer handle, doch das Bild musste relativ bald revidiert werden, was bei manchen Zeitungen und Medien – auch im Ausland – noch einige Zeit länger dauern sollte.

Ohne von einer Gewerkschaft oder einer politischen Partei angeleitet zu werden, wurden in ganz Frankreich Barrikaden errichtet, um die Zufahrt zu den Haupt- und Schnellstraßen zu versperren. Auf den Verkehrskreiseln wärmte man sich an Feuern, die in großen Ölfässern loderten, verteilte Kaffee und Brötchen und stellte, während der Widerstand andauerte, hier und da schon mal einen

Weihnachtsbaum auf, um für ein wenig Gemütlichkeit zu sorgen. Als brüderlicher Aufstand erschien die Revolte auf dem Lande, doch in den Städten ging es rauer zu. In Paris und anderen Großstädten wie Marseille, Bordeaux und Toulouse führte der Protest über viele Samstage hintereinander zu großen Demonstrationen, wobei sich auch Hunderte sogenannter *casseurs*, Steinewerfer, Schlachten mit der Polizei und anderen französischen »Ordnungsdiensten« wie dem CRS lieferten. Trotz der Zerstörungen an Geschäften und Autos unterstützte die französische Bevölkerung die Aktionen weiterhin mehrheitlich. »Was bedeutet schon eine kaputte Schaufensterscheibe oder ein brennendes Auto, verglichen mit der Gewalt aus sozialem Dominanzanspruch und Armut?«, lautete die rhetorische Frage, die Édouard Louis in einem Interview mit *The New Yorker* (15. Dezember 2018) aufwarf.

Inzwischen schlossen sich auch Schüler, Studenten und Dozenten – *les stylos rouges!* – den spontanen Aktionen der Gelbwesten an, die sich als Protestbewegung profilierten und sich keiner spezifischen politischen Partei verbunden wissen wollten. »Die Gelbwesten gehören niemandem und von daher allen« war die Losung. Der Aufstand entwickelte sich innerhalb von wenigen Wochen zu einer *révolution des citoyens*, die den Glauben an und das Vertrauen in die politischen Institutionen der Fünften Französischen Republik aufkündigte. Außer dem Rücktritt der Regierung forderte man eine Erhöhung des Mindestlohns, die Besteuerung der umweltschädigenden Luftfahrtindustrie, eine

Wiedereinführung der Vermögenssteuer sowie politische Mitsprache über die Abhaltung von Referenden – die sogenannten RIC: *Référendum d'initiative Citoyenne* – und »Bürgerräte«.

In den darauffolgenden Monaten schlossen sich weitere Protestbewegungen, wie etwa die Antirassismusbewegung, Aktionsgruppen gegen Einsparungen im Bildungs- und Gemeinwesen oder ökologische Gruppen, den Gelbwesten an. Es war eine bunte Mischung aus Demonstranten, die eine breit empfundene gesellschaftliche Unzufriedenheit über die regierende politische Elite in Frankreich und deren neoliberalen Kurs zum Ausdruck brachten. Ich schaute mir die Bilder im Fernsehen an, hörte Radio, las die Kommentare in den Zeitungen und sah mit Verwunderung, wie sich der Aufstand innerhalb weniger Wochen im Einklang mit den revolutionären Analysen Rosa Luxemburgs vollzog. Exakt fünfzig Jahre nach dem letzten großen Aufstand in Frankreich, der Studentenrevolte im Mai 1968, wurden erneut überall im Land die Barrikaden gestürmt. Während die Demonstrationen zahlreicher und die Debatten im Fernsehen hitziger wurden – »Was geschieht mit uns?«, rief die Schriftstellerin Christine Angot verzweifelt aus –, las ich weiter in Luxemburgs Werk, um gerade auf diese Frage eine Antwort zu finden.

In ihrem 1906 veröffentlichten Text *Massenstreik, Partei und Gewerkschaften* betonte Rosa Luxemburg, dass die »Masse« selten auf die Aufrufe der Vorsitzenden politischer Parteien oder Organisationen hin in Bewegung gerate, sondern erst dann zur

Aktion übergehe, wenn das Gerechtigkeitsgefühl zu lange verletzt worden sei und sich der Widerstand dagegen gewissermaßen plötzlich und meist unerwartet entzünde. Demonstrationen, Streiks und sonstige politische Zusammenkünfte müssten aus dem Willen und der Tatkraft der Bevölkerung heraus entstehen, da sie nur dann politische Freiheit zum Ausdruck brächten und eine Chance auf Gelingen hätten. Erst während des Aufstands werde man lernen, sich in »Volksräten« oder anderen gemeinschaftlichen Verbänden zu organisieren, um sich danach, zu eigenen Bedingungen, bereits bestehenden Gewerkschaften oder Parteien anzuschließen.

»Es war also genau das Umgekehrte dessen, was die Gewerkschaftsführer immer behauptet hatten«, schrieb der niederländische Politiker Jacques de Kadt in der Einleitung zur ersten, 1976 erschienenen niederländischen Ausgabe der Briefe Rosa Luxemburgs. »Nicht die Größe der Gewerkschaft war entscheidend für die Aktion, sondern die Aktion war entscheidend für das Wachstum der Gewerkschaft.« Eine Lektion, die sich nicht nur die heutigen Gewerkschaften mit ihrem dramatisch geschrumpften Mitgliederbestand zu Herzen nehmen können, sondern auch die Aktivisten, die unzureichend von den Gewerkschaften unterstützt werden. »So muß offenbar die Aufgabe der Sozialdemokratie nicht in der Vorbereitung und Leitung des Massenstreiks, sondern vor allem in der politischen Führung der ganzen Bewegung bestehen«, so Luxemburg. Der Erfolg aktueller Protestbewegungen wie beispielsweise der

Klimaaktivisten oder der Antirassismusbewegung von *Black Lives Matter* wird in hohem Maße von ihren selbstorganisierenden Fähigkeiten und der Unterstützung abhängen, die sie aus den etablierten politischen Institutionen erhalten können.

Während des revolutionären Herbstes 2018 – und in den Monaten, die folgten – wurde es zu einer der zentralen Fragen, ob der französische Volksaufstand tatsächlich zu Selbstorganisation in der Lage wäre. Gut ein Jahr später sollte sich zeigen, dass dies leider nicht der Fall war, doch der Kampf für soziale und wirtschaftliche Gerechtigkeit sowie für mehr Bürgerbeteiligung ist weder in Frankreich noch in anderen europäischen Ländern vorbei; dafür ist die Unzufriedenheit zu groß und zu weit verbreitet. Forschungsinstitute unter anderem der Europäischen Kommission, Oxfam Novib und Index Mundi haben ausgerechnet, dass fast ein Viertel der europäischen Bevölkerung, etwa hundert Millionen Menschen, knapp an oder unterhalb der Armutsgrenze lebt. Ausreißer sind dabei Griechenland, Italien und Bulgarien. Laut dem Sozialgeographen Emmanuel Todd lebt ungefähr die Hälfte der französischen Bevölkerung von einem Mindestlohn oder einer staatlichen Unterstützung. Wenn wir diese Gruppen um das »Prekariat« erweitern, einem von dem britischen Wirtschaftswissenschaftler Guy Standing geprägten Begriff für die wachsende Gruppe Soloselbständiger und sonstiger Arbeitnehmer mit befristeten Verträgen, die kaum soziale Absicherung oder Arbeitnehmerrechte bieten, zeigt sich die potentielle Armut und Existenzunsicherheit von Bewohnern europäischer Länder noch deutlicher. Die niederländische Wirtschaftswissenschaftlerin Mirjam de Rijk wies in einem Essay in *De Groene Amsterdammer* (2018) darauf hin, dass »im Gegensatz zu den Gewinnen der Unternehmen und Finanzinstitute die Löhne normaler Arbeitnehmer in den zurückliegenden Jahren kaum gestiegen sind«. Der neoliberale Kurs, der sowohl in Europa als auch in den USA und anderen Teilen der Welt seit Jahrzehnten gesteuert wird, hat die Stellung der Arbeitnehmer ernsthaft geschwächt und die der Arbeitgeber und Kapitalbesitzer gestärkt.

Eine der bemerkenswertesten Schlussfolgerungen dieser Untersuchungen besteht darin, dass durch die weltweite Wirtschaftskrise der Jahre 2008/2009 die Unternehmensgewinne nur unmerklich zurückgingen, während die Arbeitnehmer in den meisten Ländern starke Einkommenseinbußen hinnehmen mussten. Die Kosten für die Bankenrettung wurden mit anderen Worten auf die Bevölkerung und den öffentlichen Sektor abgewälzt – Einsparungen im Bildungsbereich, dem Gesundheitswesen, bei der Infrastruktur und der sozialen Absicherung waren die Folge. »Wir befinden uns wieder im 19. Jahrhundert«, glaubt daher der niederländische Wirtschaftswissenschaftler Bas van Bavel, »weil der Preis für Kapital und Arbeit zur Gänze dem Markt überlassen wird.« Expansion, um Konkurrenz auszuschalten, die Monopolisierung von Unternehmen, der Verzicht auf Lohnerhöhungen und die Aushöhlung von Arbeitnehmerrechten durch die Umwandlung von geregelten Arbeitsbeziehungen in Scheinselbständigkeit – das alles ist an der Tagesordnung.

Die Grenzen des Kapitalismus und die immer weiter voranschreitende Konzentration von Macht und Vermögen war bereits das Thema des Hauptwerks von Rosa Luxemburg, *Die Akkumulation des Kapitals* aus dem Jahr 1913. Darin schrieb sie, dass der Kapitalismus nicht notwendigerweise, wie Marx geglaubt habe, durch einen dialektischen Kampf mit dem Proletariat überwunden werde, sondern sich geographisch ausbreite, da er auf einem ökonomischen Modell des Wachstums und der Expansion beruhe. Das würde zu langwierigen Handelskriegen um Territorien, Rohstoffe und billige Arbeitskräfte führen, so lange, bis die ganze Welt kapitalistischen Zielen erschlossen sei – mit den dazugehörigen Folgen für Mensch und Umwelt.

In der Theorie von Karl Marx würde alle Arbeit auf die Dauer zu in Zeit gemessener Lohnarbeit werden, da diese kapitalistischen Mehrwert produzieren könne. Dadurch wären Menschen gezwungen, immer mehr Arbeit in immer weniger Zeit zu verrichten. Rosa Luxemburg beschrieb in der *Akkumulation des Kapitals* jedoch, dass auch Nicht-Lohnarbeit oder kaum bezahlte Arbeit zum kapitalistischen Gewinn beitragen könnten, womit sie auf die zu ihrer Zeit übliche unbezahlte Arbeit von Bewohnern kolonialisierter Länder verwies – das, was wir im heutigen Äquivalent die Auslagerung von Arbeit an sogenannte »Niedriglohnländer« nennen. Der marxistischen Analyse der Lohnarbeit beziehungsweise des »Zeit ist Geld«-Modells fügte sie kurzum

ein räumliches Argument hinzu. Sie sah die Notwendigkeit zur kontinuierlichen geographischen
Ausdehnung kapitalistischer Gebiete zur Realisie-
rung preiswerter Produktion und zur Schaffung von
Absatzmärkten sogar als den Kern dieser Dynamik:
»Imperialismus ist keine freie Entscheidung, sondern ein kapitalistisches Gesetz.«

Durch das gewissenhafte Studium der kapitalistischen Kreisbewegung aus Produktion, Absatz-
markt und Wachstum erkannte Luxemburg als
eine der Ersten, dass dieses Wirtschaftssystem für
sein Fortbestehen stets »nichtkapitalistische Gebiete« benötigt. Sie merkte bereits 1913 an, dass sich
Imperialismus und Kolonialismus nicht, wie von
Marx beschrieben, an der theoretischen Peripherie
abspielten, sondern im Zentrum: »Der Imperialismus ist der politische Ausdruck des Prozesses der
Kapitalakkumulation«. Das erklärt auch den ursprünglichen Untertitel ihres Buchs, der in manchen Übersetzungen vergessen wird: *Ein Beitrag
zur ökonomischen Erklärung des Imperialismus.*
Luxemburg zieht in ihrer Studie unter anderem einen expliziten Vergleich zwischen der Enteignung
mittelalterlicher europäischer Bauern und der destruktiven Kraft »der modernen Kolonialpolitik«.
Im englischsprachigen *Rosa Luxemburg Reader*
(2004) sind noch einige weitere Texte über Skla-
verei enthalten, darunter ein Zeitungsartikel über
den Vulkanausbruch auf der unter französischer
Kolonialherrschaft stehenden Insel Martinique. Sie
zeigt darin die Heuchelei europäischer Länder auf,
die den von Naturkatastrophen betroffenen Opfern

zu Hilfe eilen wollen, aber vergessen, dass sie diese bereits jahrhundertelang mit kolonialer Gewalt unterdrückt und enteignet haben.

Die von Hannah Arendt in ihrem Text über Luxemburg als »genial« betitelte Erkenntnis, dass der Kapitalismus für sein eigenes Wachstum und damit Fortbestehen immer Räume außerhalb des Kapitalismus benötigt, warf seinerzeit auch ein neues Licht auf den Kolonialismus. Arendt sollte diese Einsicht übrigens in ihrer berühmten Analyse *The Origins of Totalitarianism* (1951) [auf Deutsch: *Elemente und Ursprünge totaler Herrschaft* (1955)] übernehmen. Die Notwendigkeit des Wachstums beziehungsweise des Expansionsdrangs des Kapitalismus, die zu einem rücksichtslosen Umgang mit Energiequellen, der Vernichtung des natürlichen Lebensraums und zu schwerer Umweltverschmutzung führen würden, wurde von Rosa Luxemburg auch in ihren Texten und Briefen thematisiert. Dass der Kapitalismus darüber hinaus in der Privatsphäre von Menschen ein breites Spektrum neu zu erschließender »Gebiete« finden würde – beispielsweise durch die Kommerzialisierung von Pflege und Bildung und den großangelegten Verkauf von Internet- und persönlichen Daten – konnten weder Luxemburg noch Arendt seinerzeit erahnen.

Internetfirmen wie Google und Facebook betreten mit einer neuen Form des Kapitalismus unsere Privatsphäre, schreibt die britische Harvard-Wirtschaftswissenschaftlerin Shoshana Zuboff in ihrem Buch *The Age of Surveillance Capitalism* (2019) [auf Deutsch: *Das Zeitalter des Überwachungskapita-*

lismus]. Sie bieten kostenlose Internetdienste an, »überwachen« unterdessen jedoch detailliert unser Verhalten und verkaufen die Daten ohne unsere Zustimmung an Marketingfirmen und sonstige kommerzielle Unternehmen weiter. Sie verletzen damit nicht nur unser Recht auf Privatsphäre sowie weitere Rechte wie etwa das Urheberrecht und das Recht auf geistiges Eigentum, sondern eignen sich ohne jedwede demokratische Kontrolle Macht und Wissen über uns an, was zugunsten des Gewinns der Unternehmen selbst – sowie der politischen und kommerziellen Käufer der Daten – benutzt wird. Der »Überwachungskapitalismus« unterminiert unseren Rechtsstaat und unsere Demokratie, glaubt Zuboff. Durch die vollständige Digitalisierung des Alltags erhält er Zugriff auf alle Aspekte unseres Lebens, einschließlich Patientenakten und Lebensläufe. »Einst haben wir Google besucht«, fasst Zuboff in einem Interview mit *The Guardian* (20. Januar 2019) ihr Buch zusammen, »jetzt besucht Google uns«.

Da sich der Kapitalismus in geografischer Hinsicht kaum weiter ausdehnen kann, hat sich die für ihn notwendige Expansion in unser Privatleben und den öffentlichen Sektor des Gesundheitswesens und der Bildung verlagert. Bereits in den 1980er Jahren betonten einige deutsche Wissenschaftlerinnen der Bielefelder Schule die Kapitalisierung des Privatlebens, indem sie unter anderem auf die Kommerzialisierung des weiblichen Körpers, den »Geburtsmarkt« rund um das Gebären von Kindern – wie Leihmutterschaft und Adoption, zu der

Frauen in wirtschaftlich schwachen Positionen gezwungen werden – sowie sonstige medizinische Praktiken hinwiesen. In diesem Zusammenhang lässt sich auch an die Macht der Pharmaindustrie und die Kommerzialisierung des Gesundheitswesens denken; dabei handelt es sich eigentlich um »nicht-kapitalistische Gebiete«, die aber dem Freien-Markt-Denken anheimgefallen sind, mit all den Folgen, die es gezeitigt hat. Diese kapitalistische Expansion, die rein auf das Erzielen von Gewinn und kurzfristiger Rendite gerichtet ist, steht den Interessen der Bürger diametral entgegen.

»Heute gehören alle Reichtümer: die größten und besten Ländereien, die Gruben und Werke sowie die Fabriken, einigen wenigen Junkern und Privatkapitalisten«, schrieb Luxemburg vor gut hundert Jahren in *Die Sozialisierung der Gesellschaft* aus dem Jahr 1918: »Die Bereicherung einer kleinen Anzahl von Nichtstuern ist der Zweck der heutigen Wirtschaft. (…) Was und wie produziert werden soll, wo, wann und wie die hergestellten Waren verkauft werden sollen, bestimmt der Unternehmer.« Auch wenn ihr Vokabular mitunter etwas veraltet klingen mag, hat ihre Analyse noch immer Gültigkeit. »Durch sinkende Börsenkurse lösen sich bei den Superreichen Milliarden in Luft auf«, titelte das *NRC Handelsblad* am 31. Dezember 2018. Zum Jahresende waren die Aktienkurse weltweit um etwa zehn Prozent gefallen, und die Zeitung rechnete uns vor, »dass die fünfhundert Reichsten der Welt insgesamt etwa 451 Milliarden Dollar verloren haben«. Das sind absurd astronomische Beträge. Die wirtschaftliche Ungleichheit nimmt weltweit zu, meldete das Weltwirtschaftsforum in Davos, wo im Übrigen auch ein Multimilliardär, der US-Amerikaner Ray Dalio, Eigentümer des Bridgewater Hedgefonds, diversen Medien verkündete, dass der Kapitalismus, dem er sein Vermögen von rund achtzehn Milliarden Dollar zu verdanken habe, für die überwiegende Mehrheit der Bevölkerung nicht funktioniere und die Ungleichheit in den kommenden Jahren noch zunehmen werde.

Und daher »muss sich das Blatt für den Hyperkapitalismus wenden!«, rief der französische Wirtschaftswissenschaftler Thomas Piketty während einer Diskussion im französischen Fernsehen. Mit seinem Buch *Das Kapital im 21. Jahrhundert*, in dem er ebenfalls die ungleiche Akkumulation und Verteilung von Kapital als größtes Problem benennt, erlangte Piketty internationale Bekanntheit. Wenn dem Wachstumskapitalismus nicht die Zügel angelegt werden, werden die Vermögen immer weiter konzentriert, was in politische Unruhen, zahlreiche Migrationsströme und Handelskriege, wie sie sich aktuell zwischen den USA und China abzeichnen, münden wird. Auch der Schutz des Klimas und der Umwelt ist ernsthaft bedroht, da die auf Expansion gerichtete Industrie keine Rücksicht darauf nimmt. Eine der Lösungen wäre eine »kräftige CO_2-Steuer« für die umweltverschmutzende Industrie, die der niederländische Wirtschaftswissenschaftler und frühere Politiker Rick van der Ploeg in der *Volkskrant* (21. Dezember 2018) propagierte.

Piketty schlägt in seinem Buch eine internationale Besteuerung von Vermögen vor. Die Regierung unter Macron tat im Sommer 2018 genau das Gegenteil und schaffte die französische Vermögenssteuer ab. Im französischen Fernsehen teilte Piketty seine Empörung darüber mit den Gelbwesten, die seit Wochen auf den Verkehrskreiseln »*Fin du mois, fin du monde*« skandierten. Der Kampf gegen das wirtschaftliche Unrecht, dass kein Geld da sei, um »das Ende des Monats« zu erreichen, verlief parallel zum Kampf gegen die Erderwärmung beziehungsweise »das Ende der Welt«. Piketty gab zu, dass eine Vermögenssteuer allein nicht alle Probleme lösen werde. Wir müssten auch gemeinsam unsere Stimme erheben und unsere Fähigkeit zum politischen Handeln entwickeln. Wie immer man zum Aufstand der *gilets jaunes* stehen mag: Es lässt sich nicht leugnen, dass sie zumindest einen Versuch dazu unternommen haben.

5.

Das gegenwärtig neu erwachte Interesse an Rosa Luxemburg hat meines Erachtens mit der zunehmenden sozialen und wirtschaftlichen Ungleichheit, den Umwelt- und Klimaproblemen, dem wachsenden Widerstand gegen den globalen Hyperkapitalismus und der Suche nach sinnvollen politischen Alternativen zu tun. Rosa Luxemburg glaubte, dass es sich beim Kapitalismus um ein vorübergehendes Phänomen handele, das sich auf Grundlage einer guten Ausbildung, eines kritischen Bewusstseins und politischer Selbstorganisation in Volksräten in ein kooperatives Wirtschaftsmodell transformieren lasse. Sie war eine derjenigen politischen Denkerinnen und Denker, die der Bevölkerung mit ihren Studien und Essays zu Gesellschaft, Politik und Ökonomie nicht nur Aufklärung verschaffen, sondern sie zudem ausdrücklich auf die Möglichkeit kollektiven Widerstands hinweisen wollten. Sie strebte weniger die Macht in der Partei an, als vielmehr die politische Freiheit aller, ihre Meinung zu äußern und mitzuentscheiden.

Nach der Veröffentlichung ihres Buchs über die *Akkumulation des Kapitals* 1913 begann ihre eigene Freiheit in Gefahr zu geraten. Zu dieser Zeit wuchs die Entfremdung zwischen dem linken Flügel ihrer Partei, dem sie selbst, Karl Liebknecht und Clara Zetkin angehörten, und den übrigen, eher gemäßigten Mitgliedern der SPD. Die Sozialdemokraten wollten ihre gerade erst errungene politische Macht nicht für eine politische Umwälzung mit ungewissem Ausgang riskieren und neigten Luxemburg zufolge zur »Gefügigkeit und Ohnmacht des bürgerlichen Parlaments« (*Sozialdemokratie und Parlamentarismus*, 1904). Man wollte in kleinen Schritten Reformen einleiten, die den Kapitalismus auf Dauer ebenfalls eindämmen würden, woran Luxemburg und Liebknecht nicht glaubten. Es war jedoch vor allem die Bereitschaft der Partei, an der Seite des deutschen Kaisers in den Krieg zu ziehen, die das Verhältnis schwer belastete.

Am 4. August 1914 kamen Luxemburg und Liebknecht zu dem Schluss, dass die Sozialdemokratie aus ihrer Sicht nicht nur versagt, sondern sich selbst als sozialistische Partei aufgegeben hatte. An diesem Tag stimmte die SPD der Erhöhung der Kriegskredite für die kaiserliche Armee zu, womit sie faktisch die Kriegserklärung an Frankreich unterstützte. Dem Biographen Luxemburgs J. P. Nettl (1967) zufolge war dies »der schwärzeste Tag im Leben Rosa Luxemburgs«. Es werde zu einer in der Geschichte beispiellosen Katastrophe kommen, prophezeite sie, wegen der Militärtechnologie und der Ausmaße des Konflikts, der nicht nur die Internationale, sondern auch einen Großteil des Proletariats vom Erdboden hinwegfegen würde. »Daß die Partei und die Internationale kaputt sind, gründlich kaputt, unterliegt keinem Zweifel«, schrieb sie am 1. November 1914 ihrem Freund Hans Diefenbach, der ein paar Jahre später durch eine Granate an der Front ums Leben kommen sollte, »aber gerade die wachsenden Dimensionen dieses Unglücks machen es zu einem weltgeschichtlichen Drama«.

Darin sollte sie Recht behalten. Allein auf deutscher Seite gab es gut acht Millionen Todesopfer, von denen etwa neunzig Prozent der Arbeiterklasse entstammten. Schon seit Jahren hatte Rosa Luxemburg versucht, ihre Partei davon zu überzeugen, dass ein Weltkrieg, der in ihren Augen hauptsächlich ein kapitalistischer Krieg zwischen imperialistischen Mächten sein würde, unter allen Umständen verhindert werden musste. Frankreich, Deutschland, Österreich und Großbritannien wollten ihr zufolge um die Verteilung kolonialisierter Territorien, Rohstoffe, billige Arbeitskräfte und die Ausweitung der eigenen wirtschaftlichen Macht kämpfen. In ihrer *Junius-Broschüre* (1916) analysierte sie Schritt für Schritt den Krieg: »Nicht um die ›Existenz und die freiheitliche Entwicklung Deutschlands‹ handelt es sich in diesem Kriege, wie die sozialdemokratische Fraktionserklärung sagt, […] sondern um jetzige Profite der Deutschen Bank in der asiatischen Türkei und künftige Profite der Mannesmänner und Krupp in Marokko.«

Am 26. Januar 1917 schreibt sie aus ihrer Gefängniszelle an Luise Kautsky: »Dieses völlige Aufgehen im Jammer des Tages ist mir überhaupt unbegreiflich und unerträglich. Schau z. B. wie ein Goethe mit kühler Gelassenheit über den Dingen stand. Denk doch, was er erleben mußte: […] eine ununterbrochene Kette von Kriegen, wo die Welt wiederum wie ein losgelassenes Irrenhaus aussah. Und wie ruhig, mit welchem geistigen Gleichgewicht trieb er gleichzeitig seine Studien.«

Erst im November 1918 kam sie wieder auf freien Fuß, ein paar Wochen nachdem in Deutschland ein Volksaufstand ausgebrochen war. Meuternde Soldaten in Kiel hatten sich nicht länger an der soundsovielten Verzweiflungsoffensive des Kaisers und seiner Regierung beteiligen wollen. Ihr Widerstand breitete sich auf weitere Städte aus, in denen sich große Gruppen von Arbeitern dem Streik anschlossen. Das führte am 9. November zur Absetzung Kaiser Wilhelms und zur Übergabe der Macht durch den deutschen Reichskanzler Prinz Max von Baden an den Sozialdemokraten Friedrich Ebert. Am selben Tag rief der sozialdemokratische Staatssekretär, Philipp Scheidemann, vom Balkon des Reichstags aus die Deutsche Republik aus. Das Vertrauen der Demonstranten und Aufständischen in die neue Regierung, die mitverantwortlich war, dass sie vier Jahre lang in den Krieg geschickt worden waren, war jedoch äußerst gering. Karl Liebknecht rief daher nur Stunden später, auf dem Balkon des Berliner Stadtschlosses, die »Freie Sozialistische Republik Deutschland« aus und spornte die Bevölkerung zum Aufstand gegen die neue Regierung an. Der revolutionäre Geist breitete sich weiter über das von Hunger und Kriegselend gepeinigte Land aus. In Berlin und anderen Städten Deutschlands legten Hunderttausende die Arbeit nieder und gingen in Massen auf die Straße. Sie wollten mit den Politikern abrechnen, die sie in einen katastrophalen Weltkrieg geführt hatten.

Sobald sie wieder frei war, mühte sich Rosa Luxemburg ununterbrochen, den Aufstand in die richtigen Bahnen zu lenken, was allerdings eine hochkomplizierte Aufgabe war. Im Gegensatz zu Liebknecht und anderen Mitgliedern des Spartakusbundes – dem linken Flügel der SPD – zweifelte sie stark am Zeitpunkt für den Aufstand, weil es aus ihrer Sicht zu viel Chaos sowie durch den Krieg verursachtes Elend und kriegsbedingte Armut gebe und somit zu wenig Unterstützung aus der Bevölkerung. Unterdessen gerieten diverse revolutionäre Gruppen in immer blutigere Gefechte mit den von der Regierung bezahlten kontrarevolutionären Freikorps. Täglich schrieb Luxemburg Artikel für *Die Rote Fahne*, um die eigenen Reihen zur Ruhe zu mahnen. Wir streben danach, »den Frieden durch die internationale Verbrüderung und revolutionäre Erhebung des Weltproletariats zu gestalten und zu sichern«, schrieb sie gleichermaßen naiv wie verzweifelt in »Was will der Spartakusbund?«. Es wurden Versammlungen auf Plätzen in Berlin organisiert. Unter den vielen Zuhörern befand sich auch der niederländische Dichter Herman Gorter, der fest daran glaubte, dass »der neue Frühling« der internationalen Verbrüderung nun bald anbrechen würde. Er hatte all seine Hoffnung in die deutsche Revolution gesetzt, seit die in den Niederlanden zuvor kläglich gescheitert war.

Ein paar Wochen zuvor hatte es auch in den Niederlanden eine Meuterei auf der Veluwe unter Soldaten gegeben, so dass die Regierung Ruijs de Beerenbrouck befürchtete, die Revolution in

Deutschland könnte über die Grenze schwappen. Diese Furcht war durchaus berechtigt, denn am 11. November forderte auch die niederländische SDAP die Arbeiter auf, die Macht zu ergreifen. Zwei Tage später hielten prominente Sozialisten wie Ferdinand Domela Nieuwenhuis und Henriette Roland Holst Reden in der Diamantenbörse auf dem Weesperplein in Amsterdam, in der sich viele Tausend Menschen, einschließlich ein paar Hundert Soldaten, versammelt hatten. Überzeugt, die Revolution sei ausgebrochen, zog die Menge aus Arbeitern, Matrosen, Soldaten und sonstigen Sympathisanten durch die Straßen Amsterdams zur Kavalleriekaserne, wo sie die Soldaten dazu aufriefen, sich ihnen anzuschließen. Doch plötzlich begannen verdeckt platzierte Angehörige der Militärpolizei auf die Demonstranten zu schießen; es gab viele Tote und Verwundete, die Menge stob auseinander und ergriff die Flucht. Weil am nächsten Tag große Truppen regierungsfreundlicher Soldaten nach Amsterdam geschickt wurden, wagten sich die Demonstranten nicht mehr auf die Straße, und »die Revolution« war in den Niederlanden nach kaum 24 Stunden bereits wieder vorbei.

In Deutschland dauerte sie noch zwei Monate an. In Berlin wurde das Chaos in den ersten Wochen des Jahres 1919 so bedrohlich für die sozialdemokratische Regierung, dass sie beschloss, den Aufstand, der zum Teil aus ihrer eigenen ehemaligen Basis bestand, mit Propaganda und Gewalt niederzuschlagen. »Spartakus hat die Gräuel begangen« oder »Spartakus ist an allem schuld!« lauteten Schlagzeilen in regierungsfreundlichen Zeitungen. Doch so schnell gaben Luxemburg und Liebknecht die Hoffnung nicht auf. Statt aus Berlin zu flüchten, »wollen sie, [mutig wie immer,] den Kampf auf andere Weise weiterführen: in öffentlichen Versammlungen wollen sie die Pogromstimmung zu bannen versuchen«, schrieb Henriette Roland Holst, die die Revolution in Deutschland von den Niederlanden aus genauestens verfolgte. Doch sie fügte dem hinzu: »Daß sie so etwas noch für möglich halten, beweist, daß sie keine richtige Vorstellung von der Lage haben.« Das war zweifellos der Fall, allerdings hatte Rosa Luxemburg auch kaum eine andere Wahl. Obwohl sie mit dem Zeitpunkt der Revolution nicht einverstanden gewesen war, wollte sie den Menschen, die ihr Vertrauen in sie und Liebknecht gesetzt hatten, nun nicht von der Seite weichen.

Obwohl sich der Aufstand in Berlin ein paar Wochen später, am 15. Januar 1919, praktisch gelegt hatte, wurden Rosa Luxemburg und Karl Liebknecht von rechtsextremistischen Freikorpskräften aus ihren Wohnungen geholt und verhaftet. Zu diesen Freikorps gehörten auch ehemalige Soldaten des inzwischen in die Niederlande geflüchteten Kaisers Wilhelm, die der Regierung geholfen hatten, den Aufstand niederzuschlagen. Die beiden wurden ins Hotel Eden gebracht. »Im Augenblick ihrer Verhaftung«, schreibt Roland Holst auf Grundlage von Augenzeugenberichten in ihrer Biographie über Luxemburg, »sehen wir Rosa Luxemburg zum letzten Male lebendig vor uns. Wir sehen sie so, wie Frau Markussohn, die Gesinnungsgenossin, die die Flüchtenden in ihrer Wohnung aufgenommen hatte, sie später Luise Kautsky beschrieben hat. Ihre eingefallenen Wangen und ihre von den vielen schlaflosen Nächten dunkelumrandeten Augen mögen ihre körperliche Erschöpfung verraten, ihre Geisteskraft bleibt unerschüttert. Ruhig und gelassen packt sie ein paar Dinge, die sie nötig zu haben glaubt, in ein Köfferchen: etwas Wäsche, Toilettengegenstände und einige Bücher.« Es ist Goethes *Faust*, den Rosa Luxemburg auf ihre letzte Reise durch Berlin mitnimmt. »Ruhig und heiter verabschiedet sie sich von ihrer Wirtin und folgt der Eskorte ins Auto.« Zu dem Zeitpunkt glaubt sie noch, dass sie nur verhaftet und erneut ins Gefängnis gebracht wird.

Im Hotel Eden werden Luxemburg und Liebknecht von dem Stab der Garde-Kavallerie-Schützen-Division eines Freikorps unter der Leitung von Waldemar Pabst befragt und misshandelt, bevor sie nacheinander in bereitstehenden Autos abtransportiert werden. Vor dem Hotel »versetzt [ihr der Unteroffizier] Runge […] mit seinem Gewehrkolben einen furchtbaren Schlag auf den Hinterkopf«, schreibt Roland Holst. »Bewußtlos bricht sie zusammen. Dann zerren sie sie ins Auto. Während der Fahrt sinkt sie immer mehr in sich zusammen, gibt aber doch noch schwache Lebenszeichen von sich.« »Nicht schießen!«, sollen angeblich die letzten Worte Rosa Luxemburgs gewesen sein, als der Mann die Pistole auf sie richtete. Ihre Leiche wurde kurz danach achtlos in den Landwehrkanal geworfen, wo sie erst Monate später gefunden werden sollte. »Es war, als ob sie sie nicht tot genug haben konnten«, schreibt Roland Holst.

Auch Karl Liebknecht wird in derselben Nacht noch ermordet. Zehntausende Menschen nehmen eine Woche später an einem Gedenkmarsch in Berlin teil. Auch in der Diamantenbörse in Amsterdam wird eine Gedenkveranstaltung abgehalten, auf der Henriette Roland Holst ihre Empörung über den Mord an ihrer Freundin zum Ausdruck bringt, die sie so bewundert habe.

Für Hannah Arendt bedeutete der Mord an den beiden pazifistischen Sozialisten einen historischen Wendepunkt, den sie als eine »Art Scheitelpunkt zwischen zwei Epochen der deutschen Geschichte« beschrieb. »Auf der Flucht erschossen«, meldete der Polizeibericht, obwohl es sich um einen vorsätzlichen Mord handelte – aller Wahrscheinlichkeit nach mit Zustimmung des SPD-Ministers Gustav Noske, der Ende 1918 als Hüter der »Ordnung« der Regierung beigetreten war. »Auf der Flucht erschießen«, schrieb Arendt in ihrem Text über Luxemburg, sollte die Standardlüge werden, die für viele Hunderte von Morden an linken Revolutionären oder Politikern verwendet wurde, unter ihnen Leo Jogiches, Gustav Landauer und Walther Rathenau im Frühjahr desselben Jahres.

Der Offizier Waldemar Pabst, der Karriere im Naziregime machte, erzählte in einem Artikel des *Spiegel* im Jahr 1962 ohne Hemmungen, »dass es vom moraltheologischen Gesichtspunkt aus durchaus vertretbar« gewesen sei, die beiden zu eliminieren.

Einer der anderen Täter, Leutnant Vogel, erhielt während des folgenden Scheinprozesses ein Visum für die Niederlande, wohin er unter dem falschen Namen Kurt Velsen flüchtete. Was aus Vogel geworden ist, ist unbekannt; vielleicht hat er sich zu dem nach Haus Doorn ins Exil geflüchteten deutschen Kaiser begeben, der von seiner neuen Bleibe aus die rechten Milizen und später mit seiner Ehegattin Hermine Reuß auch die Nazis unterstützte, wie der niederländische Journalist Willem Pekelder in der Tageszeitung *Trouw* ausführlich darlegte (»Duistere praktijken in Huize Doorn« 2018). Die meisten niederländischen Geschichtsbücher lassen diese Tatsache unerwähnt.

Die Niederschlagung der Revolution in Deutschland und die Ermordung Luxemburgs, Liebknechts sowie der vielen anderen Sozialisten war das Werk derselben Hände, die nur wenige Jahre später Hitler in den Sattel helfen sollten. Hitler gewann das Wahlvolk für seine Partei mit denselben antisemitischen und antikommunistischen Losungen, die auch gegen den Spartakusbund verwendet worden waren.

Als zwölfjähriges Mädchen war Hannah Arendt während der ersten Tage des Jahres 1919 mit ihrer Mutter, die eine große Bewunderin Rosa Luxemburgs war, in Königsberg auf die Straße gegangen. Dort hatten die Menschen in großer Zahl die Arbeit niedergelegt und sich in Gebäuden versammelt, in denen Spartakisten aus Berlin Reden hielten. Arendts Mutter hatte aufrichtig geglaubt, dass es in dem vom Krieg zerstörten Deutschland einen Neuanfang geben könnte, nun da der Kaiser in die

Niederlande geflohen war und die revolutionären Sozialisten zu Hunderttausenden auf die Straße gingen, um den Rücktritt der Regierung zu fordern. Doch die Geschichte nahm bekanntlich einen anderen Verlauf.

Die Ermordung Luxemburgs, Liebknechts sowie der vielen anderen Sozialisten sollte Hitler den Weg ebnen. Er gründete seine Kampagne auf den Trümmern des Ersten Weltkriegs und der politischen Gewalt, die die Weimarer Republik von Anfang an belastete, und er sollte alsbald aus denselben Freikorps, die den Aufstand niedergeschlagen hatten, die Mitglieder seiner SA rekrutieren. Luxemburgs viel zitierter Titel eines ihrer Pamphlete, *Sozialismus oder Barbarei* sollte auf tragische Weise zugunsten des Letzteren entschieden werden. Die Frage, die sich Arendt stellte, ob die Geschichte anders bewertet werden muss, wenn wir sie durch das Prisma des Lebens und Werks von Rosa Luxemburg betrachten, muss positiv beantwortet werden. Was aus Deutschland geworden wäre, wenn es sich zur »freien sozialistischen Republik« entwickelt hätte, wie sie Karl Liebknecht am 9. November 1918 proklamiert hatte, bleibt unserer Phantasie überlassen.

6.

Hundert Jahre später wurde der Ermordung Rosa Luxemburgs und Karl Liebknechts 2019 an vielen Orten der Welt gedacht, so auch in Amsterdam am Internationalen Institut für Sozialgeschichte (IISG), wo zur allgemeinen Überraschung viele Hunderte Menschen erschienen. Auch das Interesse am Werk Hannah Arendts hat in den zurückliegenden Jahrzehnten enorm zugenommen. Obwohl die beiden in der Geschichte ein Weltkrieg und mindestens zwei totalitäre Regime voneinander trennen, werden sie derzeit häufiger gemeinsam in Artikeln und Büchern besprochen, so etwa in dem Buch *Rebellinnen* (2018) der deutschen Schriftstellerin Simone Frieling oder in *Pensées rebelles* (2010) der kanadischen Philosophin Diane Lamoureux. Natürlich gibt es auch zentrale Unterschiede zwischen beiden politischen Denkerinnen. Luxemburg legte die Betonung auf politisches Handeln und Aktivismus, während Arendt eher die Position der politischen und philosophischen Zuschauerin einnahm. Doch in ihrem Kampf für Freiheit, Demokratie, Menschenwürde und politische Beteiligung gab es viele Parallelen.

Arendt glaubte, dass wir nach dem Zweiten Weltkrieg wachsam gegenüber dem Totalitarismus bleiben müssten, einer Regierungsform, die, wie sie in ihrem Buch *The Origins of Totalitarianism* darlegte, durch die Unterminierung menschlicher Spontaneität, Pluralität und politischer Freiheit gekennzeichnet ist. Totalitäre Ideologien versuchen mit Hilfe von Propaganda, Angst und Bürokratie die Vielfalt eines Volkes in eine gleichförmige, folgsame Masse zu verwandeln und benutzen dafür laut Arendt das Element des Terrors. Der Totalitarismus ist ein politisches System, das im Zeichen der Instrumentalisierung und Technokratie steht und weder Raum für die Wahrheit noch für eine offene Debattenkultur lässt. Zum Schluss ihrer Analyse warnt sie, dass es sich um eine Regierungsform handelt, die überall, jederzeit wieder entstehen könnte, wenn dem nicht frühzeitig begegnet werde. »Was moderne Menschen so [...] gut vorbereitet für die totalitäre Herrschaft, ist die allenthalben zunehmende Verlassenheit. Es ist, als breche alles, was Menschen miteinander verbindet, in der Krise zusammen.«

Nach dem Wahlsieg Donald Trumps im Jahr 2016 wurde von politischen Kommentatoren, wie etwa dem Professor für Politikwissenschaft Jeffrey C. Isaac in der *Washington Post*, aus diesem Buch auffallend oft zitiert. Vor allem diese Stelle aus dem Vorwort der englischen Erstausgabe wurde wiederholt angeführt: »Diese Periode des bangen Abwartens gleicht der Stille, die eintritt, nachdem alle Hoffnung verloren ist. [...] So unterschiedlich die Umstände auch sind, wir stellen die Entwicklung identischer Phänomene fest. [...] Nie ist unsere Zukunft weniger vorhersehbar gewesen, nie sind wir in dem Maße von unzuverlässigen Kräften abhängig gewesen, die die Gesetze des gesunden Menschenverstands mit Füßen treten.« Wie wir uns gegen diese »unzuverlässigen Kräfte« wehren sollen, war die Frage, die damals angesichts der wachsenden Unruhe und der Wiederauferstehung diktatorischer Führer auf der politischen Bühne gestellt werden musste und die sich auch heute noch stellt.

Populistische oder demagogische politische Führer würden auf die Fakten oder auf Fakten basierende Wahrheiten pfeifen, so Arendt. Sie entschieden sich meist für eine einzige Idee, beruhend auf dem nationalistischen Mythos der »Eigenart« des Volkes und der Fremdheit anderer Völker, um immer dieselbe, vorgeschriebene Geschichte zu erzählen. Wir müssten daher ängstlich darüber wachen, der Einschränkung der freien Meinungsäußerung zu begegnen, schreibt Arendt in *The Origins of Totalitarianism*. Dasselbe gelte auch für die Verbreitung von Propaganda – das, was wir heute Fake News nennen –, die Arendt als den Anfang des Untergangs der Demokratie charakterisiert. Lügen – oder euphemistisch: »alternative Fakten« – müssten so weit es geht entlarvt und durch faktengestützte Meinungen widerlegt werden. Denn »der ideale Untertan totalitärer Herrschaft ist nicht der überzeugte Nazi oder engagierte Kommunist, sondern Menschen, für die der Unterschied zwischen Fakten und Fiktion, wahr und falsch, nicht länger exisitiert«. Lügt man Menschen fortwährend an, besteht die Konsequenz darin, dass sie irgendwann gar nichts mehr glauben. »In einer totalitären Bewegung«, schreibt Arendt, »ist das fanatisierte Mitglied weder von Erfahrung noch von Argumenten zu erreichen; es hat sich so sehr mit der Bewegung identifiziert […], daß es scheint, als sei die Fähigkeit, Erfahrungen zu machen, überhaupt vernichtet.«

Post-truth wurde 2016 vom Oxford Dictionary zum »Wort des Jahres« gekürt. Das Wort selbst mag neu sein, doch schon Arendt zeigte, dass Lügen oder *post-truths* zum bevorzugten Instrumentarium totalitärer Regime gehören. *Post-truth politics* steht für eine Politik, die sich nicht mehr um Fakten oder Wahrheiten kümmert, sondern vor allem mit dem Wiederholen emotional aufgeladener Behauptungen beschäftigt ist. Auf Fakten gestützte Einwände werden dabei ignoriert oder als irrelevant abgetan. Während der US-Wahlen von 2016 und des Brexit-Referendums in Großbritannien wurde deutlich, wie sehr der Unterschied zwischen auf Wahrheit basierten Fakten und Lügen derzeit anscheinend zu einer Frage des Geschmacks geworden ist. Das Verschwimmen dieses Unterschieds ruft zwei Sätze aus dem Roman *1984* von George Orwell in Erinnerung, die ebenfalls nach dem Wahlsieg Trumps in den USA häufiger zitiert wurden: »Alles löste sich in Nebel auf. Die Vergangenheit war ausradiert, und dann war sogar die Tatsache des Radierens vergessen, die Lüge war zur Wahrheit geworden.«

Neben der Verbreitung von Lügen ist auch die Behinderung der Pressefreiheit ein probates Mittel diktatorischer Regime, wie Arendt betont. In den zurückliegenden Jahren hat auch die Presse in der vermeintlich freien westlichen Welt mit Zensur zu kämpfen gehabt. Der ehemalige Chefstratege des US-Präsidenten, Steve Bannon, erklärte zum Beispiel, ohne dabei eine Miene zu verziehen, gegenüber der *New York Times* im Januar 2017, dass Journalisten »ihre Klappe halten müssen und einfach zuhören sollen«. Trump kreierte bewusst ein Klima der Paranoia und der Verwirrung, doch die Presse schien keine adäquate Antwort auf seine Post-truth-Politik zu finden. Laut David Remnick, Chefredakteur von *The New Yorker* und Trump-Kritiker der ersten Stunde, liegt das daran, dass die Pressevertreter nicht einmal die Worte dafür haben, um seine ›Post-Wahrheiten‹ zu beschreiben.

Die Freiheit der Meinungsäußerung steht auch in Hongkong, Polen, Russland, Ungarn und Weißrussland auf dem Spiel, von Nordkorea und den arabischen Staaten ganz zu schweigen. Gelogen wird nahezu überall. Knapp eine Woche nach der Wahl Trumps schrieb der niederländische Kolumnist des *NRC Handelsblad* Bas Heijne über »Ruttes Lügen«, weil der niederländische Ministerpräsident mit allen Mitteln, darunter sogar einer ganzseitigen Anzeige in den Zeitungen, den Fehler einer seiner Minister zu vertuschen suchte. Lügende oder schummelnde Spitzenpolitiker nähren eine zunehmende Abneigung gegen die politische Führung, und das ist, wie die Geschichte lehrt, eine riskante Entwicklung. Denn wenn sich Menschen von der Politik abwenden, droht die von Arendt beschriebene »Weltlosigkeit«, die historisch schon öfter ein Nährboden für Barbarei und Diktatur gewesen ist.

»Das öffentliche Leben der Staaten mit beschränkter Freiheit«, schrieb Luxemburg ihrerseits in *Die russische Revolution*, »ist eben deshalb so dürftig, so armselig, schematisch, so unfruchtbar, weil es sich durch Ausschließung der Demokratie die lebendigen Quellen allen geistigen Reichtums und Fortschritts absperrt«. Von daher rührte auch ihre scharfe Kritik an die Adresse Lenins und Trotzkis, die schon zu Beginn der Russischen Revolution 1917 demokratische Rechte auf dem Gebiet der freien Meinungsäußerung eingeschränkt, das Parlament aufgelöst, keine neuen, freien Wahlen ausgeschrieben und an ihrer statt ein Einparteiensystem eingeführt hatten. Freie Meinungsäußerung und politische Versammlungsfreiheit waren für Luxemburg gleichermaßen unantastbare demokratische Werte wie für Arendt, die durch keine wie auch immer geartete Ideologie relativiert werden sollten. »Hingegen ist es eine offenkundige, unbestreitbare Tatsache, daß ohne eine freie, ungehemmte Presse, ohne ungehindertes Vereins- und Versammlungsleben gerade die Herrschaft breiter Volksmassen völlig undenkbar ist«, schreibt Luxemburg.

Für sie hatte die russische Revolution nichts mehr mit einer sozialistischen Demokratie zu tun. »Ohne allgemeine Wahlen, ungehemmte Presse- und Versammlungsfreiheit, freien Meinungskampf erstirbt das Leben in jeder öffentlichen Institution, wird zum Scheinleben, in dem die Bürokratie allein das tätige Element bleibt. Das öffentliche Leben schläft allmählich ein, einige Dutzend Parteiführer von unerschöpflicher Energie und grenzenlosem Idealismus dirigieren und regieren. […] [S]olche Zustände müssen eine Verwilderung des öffentlichen Lebens zeitigen: Attentate, Geiselerschießungen usw.« Sie prophezeite, dass die Revolution auf die Diktatur einiger weniger Führer hinauslaufe, in der das Versprechen von Freiheit und Gleichheit schon bald gebrochen und der Terror rasch folgen werde. »Freiheit nur für die Anhänger der Regierung, nur für Mitglieder einer Partei – mögen sie noch so zahlreich sein – ist keine Freiheit«, schrieb sie. »Freiheit ist immer Freiheit Andersdenkender.«

In ihrem Nachdenken über Luxemburg stellt Arendt nüchtern fest, dass die Geschichte bewiesen habe, dass sie recht gehabt habe. Für beide galt, dass sich mit der Freiheit nicht handeln ließ. Sie sei die Voraussetzung jedweder politischen Veränderung. Beide betonten auch, dass diese Freiheit erst »im Konzert« mit anderen, das heißt gemeinsam mit anderen errungen werden könne, in dem Augenblick, in dem das Privatinteresse der öffentlichen Sache – der *res publica* – Platz mache. Das kann im öffentlichen Raum, aber auch zu Hause am Tisch stattfinden, wenn das Gespräch, das dort geführt wird, Ausdruck des *amor mundi* ist. In diesem Sinne zitierte Hannah Arendt an mehreren Stellen die berühmten Gedichtzeilen von René Char:

»Bei jedem gemeinsamen Mahl
bitten wir die Freiheit an unseren Tisch.
Der Platz bleibt leer, aber das Gedeck liegt bereit.«

Rosa Luxemburg und Hannah Arendt waren kritische Querdenkerinnen, die sich nicht scheuten, die Kontroverse zu suchen und auch gegen die Linie ihrer intellektuellen Basis ihre Meinung zum Ausdruck zu bringen. Das Schärfen des kritischen Bewusstseins, der Ansporn zur Bildung eines eigenen Urteils oder einer eigenen Meinung und die Freiheit, dies auch öffentlich verkünden zu dürfen – in Wort, Schrift oder Tat –, gehörte zum Kern des Werks der beiden. »Sprechend und handelnd schalten wir uns in die Welt der Menschen ein«, schrieb Arendt in *The Human Condition* (1958) [auf Deutsch: *Vita activa oder Vom tätigen Leben* (1960)]. Mit Bewunderung beschrieb sie die philosophische Methode Sokrates', der auch die »Bremse« Athens genannt wurde, weil er mit seinen eigenwilligen und kontroversen Meinungen die anderen bewusst reizte, damit sie aus ihrem Schlummer erwachten und beginnen würden, selbst nachzudenken.

Seine Methode nennt man »Mäeutik« – wörtlich »Hebammenkunst« –, und die Versuchung ist groß, sowohl Luxemburg als auch Arendt vor diesem Hintergrund »Hebammen« der modernen politischen Philosophie zu nennen. Sie betrachteten es als ihre Aufgabe, anderen dabei zu helfen, ihre kritischen Gedanken zu gebären, weil nur das einen Neubeginn einläuten könnte. »Ein Leben ohne alles Sprechen und Handeln [...] wäre buchstäblich kein Leben mehr, sondern ein in die Länge gezogenes Sterben; es würde nicht mehr in der Welt unter Menschen erscheinen, sondern nur als ein Dahinschwindendes sich überhaupt bemerkbar machen«, schrieb Arendt in *The Human Condition*, »der Antrieb scheint vielmehr in dem Anfang selbst zu liegen, der mit unserer Geburt in die Welt kam, und dem wir dadurch entsprechen, daß wir selbst aus eigener Initiative etwas Neues anfangen.«

Es ging ihnen um die Eroberung des politischen Raums der Freiheit, den es braucht, um einen solchen Neubeginn zu wagen, wie Sidonia Blatter in ihrem Text »Rosa Luxemburg and Hannah Arendt, Against the Destruction of Political Spheres of Freedom« (2005) darlegt. Sie wollten diese politische Sphäre der Freiheit aus den Händen rein wirtschaftlicher Mächte retten. Für Arendt bedeutete die moderne Konsumgesellschaft den Untergang des Gemeinschaftssinns, das heißt des politischen Sinns, sich für die Welt mitverantwortlich zu fühlen. Die Konsumgesellschaft werde in Einsamkeit, Entfremdung und Entwurzelung des Menschen münden, denn sie sei nicht in der Lage, Sorge für die Welt zu tragen, schrieb Arendt in *Kultur und Politik* (1958). Der Konsum habe nicht die dauerhafte Sorge und Pflege, sondern den unmittelbaren Verbrauch zum Grundprinzip. Gerade weil unsere Gesellschaft immer mehr vom Konsum gekennzeichnet sei, sei unsere Sorge für die Welt – und damit unser politisches Engagement – dringender gefragt denn je. Luxemburg und Arendt übten nicht nur Kritik am Kapitalismus und an der Konsumgesellschaft, sondern boten auch konkrete Vorschläge, um die politische Beteiligung der Bevölkerung zu vergrößern.

7.

Die sozialistische Rätedemokratie war nach Rosa Luxemburgs Vorstellungen, die vor allem durch die Pariser Kommune von 1871 inspiriert waren, darauf gerichtet, dass alle Bevölkerungsgruppen mit Hilfe von »Volksräten« ihre Meinung äußern und politische Entscheidungsbefugnisse bekommen. In den letzten Monaten wurden in den französischen Zeitungen regelmäßig Vergleiche zwischen dem Aufstand der Gelbwesten einerseits und der Französischen Revolution von 1789 sowie der Studentenrevolte vom Mai 1968 andererseits gezogen. Nur die Wenigsten erwähnten den Volksaufstand ungefähr hundert Jahre davor, der als Pariser Kommune in die Geschichte eingegangen ist. Dieser massive Volksaufstand gegen die französische Regierung entwickelte sich ebenfalls aus einem spontanen Protest gegen Armut, Arbeitslosigkeit und ungerechte Steuern und konnte sich nach einer chaotischen Anfangsphase wirksam in Quartiers- und Volksräten organisieren, in denen erstmals in der Geschichte auch Frauen und Arbeiter vertreten waren.

Es gelang den Kommunarden, die von gut zweihunderttausend Parisern demokratisch gewählt worden waren, in nur kurzer Zeit eine Reihe wichtiger Reformen einzuleiten: Die Lebensmittelversorgung kam wieder in Gang, dem Mittelstand wurden die Schulden erlassen, und die öffentlichen

Einrichtungen wurden neu eröffnet. Grund genug für Hannah Arendt, diese Volksräte in ihrem Buch *On Revolution* von 1963 als »Perlen der Selbstverwaltung« zu bezeichnen. Auch Rosa Luxemburg beschreibt die Pariser Kommune als einen ersten Versuch zur Etablierung einer sozialistischen Demokratie, in der die Bevölkerung politische Mitsprache erhielt. In ihrem allerletzten Text mit dem bitter-ironischen Titel »Die Ordnung herrscht in Berlin« (1919), den sie nur wenige Stunden vor ihrem Tod verfasste, erinnert sie – noch in Unkenntnis ihres eigenen Schicksals – an die »bestialischen Grausamkeiten« »an Wehrlosen, an Gefangenen, an Gefallenen«, die die Niederschlagung dieses Volksaufstands fordern sollte: Dreißigtausend Kommunarden wurden im Mai 1871 von der französischen Regierungsarmee getötet und weitere vierzigtausend gefangen genommen. Es ist, als ob sie mit diesem letzten Text bereits eine Vermutung aussprächen, was alsbald mit ihr selbst – und vielen anderen – geschehen würde.

Das Besondere an der Pariser Kommune war, dass es sich dabei um einen Aufstand handelte, in dem es nicht nur um die Befreiung von Not und Armut ging, sondern der auch die Freiheit politischen Handelns in Form von »Volksräten« forderte. Für Arendt machte das einen wesentlichen Unterschied. In ihrem Buch *On Revolution* legt sie dar, dass nur Aufstände, die nicht ausschließlich auf die wirtschaftliche »Befreiung«, sondern auch auf politische Freiheit abzielen, eine Chance zur Verwirklichung haben. Das Problem der Ersteren sei nämlich, dass die Beteiligten am politischen Modell, das sie in die Armut gezwungen habe, nichts Wesentliches ändern wollten, sondern nur Anpassungen in Form von mehr Lohn verlangten, so dass das politische System selbst nicht infrage gestellt werde. Die Befreiung von Armut und Unterdrückung sei zwar eine Voraussetzung für die Freiheit, münde aber nicht automatisch in die politische Freiheit, die für Arendt die Schaffung von etwas Neuem bedeutete.

Im selben Buch beschreibt sie die Entstehung von Selbstverwaltungsräten – wie sie sich während der ersten russischen Revolution 1905 und der ungarischen Revolution von 1956 entwickelt hatten – als politische Manifestation einer solchen Erneuerung, weil diese Räte es den Bürgern ermöglichten, am Regieren teilzunehmen. Das Problem des parlamentarischen Systems sei nämlich, dass es auch oligarchisch genannt werden könne, und zwar in dem Sinn, dass die politische Freiheit das Privileg von nur einigen wenigen Volksvertretern sei, die die Gelegenheit erhielten, sich den Aktivitäten des Vorschlagens, Besprechens und Beschließens zu widmen, all dies in einem positiven Sinn Äußerungen von Freiheit. Das Beste, worauf die restlichen Bürger hoffen könnten, sei, dass sie vertreten werden, soweit es ihre Wohlfahrt betreffe. Ihre individuellen Taten oder Meinungen indes existierten nach ihrer Stimmabgabe nicht mehr. Einer der wichtigsten Gründe für die institutionelle Krise in Frankreich liegt, wie oben bereits beschrieben, darin, dass die Gelbwesten sich selbst nicht mehr vertreten fühlen.

Auch wenn es naheliege, sich die Entfaltung der Räte auszumalen, dürfte es in den Worten Arendts, »klüger sein, mit Jefferson zu sagen: ›Man mache mit [den Elementarrepubliken] nur erst einen Anfang für gleich welchen Zweck, es wird sich bald herausstellen, für welche anderen Zwecke sie sich am besten eignen‹ […].« Die Frage ist, ob die Zeit nicht inzwischen reif dafür ist, dass wir einen Anfang machen. Eine der Forderungen der *gilets jaunes* betraf die Einführung des RIC, des gesetzgebenden Referendums, das auf Initiative von Bürgern hin abgehalten wird, um mehr Freiheit und politisches Engagement zu erreichen. Anstatt von allen Bürgern auf gut Glück nur ein Kreuz bei einem Kästchen machen zu lassen, könnten das auch Bürgerräte erledigen, die für eine befristete Phase gewählt werden und die Zeit – sowie die finanziellen Mittel – bekommen, um sich gut zu informieren und anschließend pro Rat eine gemeinsame Stimme abzugeben. Das würde nicht nur die politische Beteiligung der Bevölkerung erweitern, sondern auch den Gemeinschaftssinn fördern und das Gefühl, »nicht gehört oder vertreten« zu werden, erheblich abmildern.

Außerdem könnten solche Bürgerräte rechtsextremistischen Führerfiguren den Wind aus den Segeln nehmen, weil Menschen ein Platz in der Welt geboten wird, an dem sie sich weniger macht- und heimatlos vorkommen. Gib Menschen ihre Autonomie und ihre Verantwortlichkeiten zurück, und die Welt würde aufblühen. Es ist eine Form der direkten Demokratie, die Rosa Luxemburg und Hannah Arendt in ihrem Werk leidenschaftlich vertreten haben und die sich auch in Plädoyers zeitgenössischer Autoren, wie etwa dem des flämischen Historikers David Van Reybrouck wiederfinden. In seinem Essay *Gegen Wahlen* (2016) stellt er das Versagen der parlamentarischen Demokratie wie auch das schwindende Vertrauen der Bürger in die Demokratie dar und macht einen Vorschlag: In einer Variante des Modells der Rechtsprechung durch Schwurgerichte werden im Losverfahren Bürger gewählt, die einen repräsentativen Querschnitt der Bevölkerung bilden, nicht an Partei- oder Wählerinteressen gebunden sind und sich gemeinsam mit politischen Fragestellungen befassen.

Ich selbst hatte in Amsterdam einige Jahre lang einen Sitz in einem Bürgerrat, bestehend aus etwa zwanzig Einwohnern mit unterschiedlichen kulturellen Hintergründen, die in meinem Stadtteil wohnten. Die von der Amsterdamer Projektentwicklerin Mercedes Zandwijken gestartete Initiative sollte den sozialen Zusammenhalt im Viertel stärken, was auch dringend nötig war, denn wir lebten nicht miteinander, sondern vielmehr nebeneinander. Es waren lehrreiche und inspirierende Zusammenkünfte, die, abgesehen von den Projekten, die wir auf den Weg brachten, als multikultureller Quartiersrat an sich schon ihren Zweck erfüllten. Während unserer langen Gespräche lernten wir die gegenseitigen Erzählungen, Standpunkte und Hintergründe kennen, starteten verschiedene Initiativen und gingen so zu politischem Handeln über. Wir überwanden diverse Grenzen nationaler, religiöser und kultureller Art und setzten auf die

Weise nicht nur die von Hannah Arendt geforderte Pluralität, die sie als den Pfeiler der Demokratie betrachtete, in die Praxis um, sondern schärften auch unsere Fähigkeit, »mit einem erweiterten Bewusstsein« zu denken. Nach diesen Versammlungen hatte sich übrigens nicht nur mein Bewusstsein, sondern auch meine Seele geweitet.

Sowohl Luxemburg als auch Arendt haben darauf hingewiesen, dass die politisch-kulturelle Welt, in der sich die Menschen aufhalten, nicht automatisch eine »menschliche« Welt ist. Nach Ansicht Arendts wird die Welt erst dann menschlich, wenn sie der Gegenstand unserer Aufmerksamkeit, unseres Engagements und Gesprächs ist. Wenn wir uns aus Frustration, Zeitmangel oder Gleichgültigkeit von der öffentlichen Welt abwenden, droht eine Weltlosigkeit, die wie oben ausgeführt in Barbarei enden kann. Rosa Luxemburg ging noch weiter als Arendt. Sie klagte auf radikalere Weise die kapitalistische Gesellschaft an, die auf dem fundamentalen Missverständnis beruhe, dass eine gerechte Welt auf der Basis von Konkurrenz, Ausbeutung der anderen und Profitstreben entstehen könne. Als moderne Antigones verteidigten sie aber beide das Recht, Widerstand zu leisten, wenn die Gesetzgebung oder die politische Herrschaft nicht mit der Stimme des Gewissens und der Fähigkeit zum Unterscheiden von Gut und Böse in Einklang zu bringen sei. Antigone bedeutet wörtlich »Entgegen gewachsen«: Eine Demokratie braucht Gegenstimmen und -bewegungen, um gesund und dynamisch zu bleiben.

In ihrem Vortrag »Ziviler Ungehorsam«, der am 12. September 1970 erstmals im *The New Yorker* veröffentlicht wurde, begrüßte Hannah Arendt mit derselben Verve wie Luxemburg die Möglichkeit, politischen Widerstand zu leisten, gleichviel, ob es sich dabei um Demonstrationen, Streiks, Wehrdienstverweigerung oder andere Formen handelte. Den Anlass zu diesem Essay bildete die wachsende Zahl von Amerikanern, die sich weigerten, am Vietnamkrieg teilzunehmen oder rassistische Gesetze wie die Rassentrennung im öffentlichen Personenverkehr zu befolgen – zwei Formen zivilen Ungehorsams, die Arendt positiv bewertete: »Ich behaupte, daß der zivile Ungehorsam lediglich die neueste Form der freiwilligen Vereinigungen darstellt und von daher ganz im Einklang mit den ältesten Traditionen des Landes steht.« Wenn das Gewissen nicht mit bestimmten Gesetzen oder einer bestimmten Politik konform gehe, sei es sogar unsere »Bürgerpflicht«, daran etwas zu ändern. Denn ziviler Ungehorsam könne Arendt zufolge »das bestmögliche Heilmittel gegen dieses letztendliche Scheitern juristischer Überprüfung sein.«

8.

Der Herbst näherte sich dem Ende, und wir kehrten in die Niederlande zurück. Die Demonstrationen der französischen Gelbwesten gingen derweil weiter – was sich auch noch gut ein Jahr so fortsetzen sollte. Inzwischen wissen wir, dass nicht nur Tausende Protestierende verhaftet worden sind, sondern dass es auch Tote gegeben hat. Zudem sind viele Hunderte Demonstranten, darunter mehrere Journalisten, verletzt worden und haben durch die Gummigeschosse, die die französische Polizei gegen die Protestler einsetzte, ein Auge oder eine Hand verloren.

Die französische Regierung versuchte dem Protest die Spitze zu nehmen, indem sie die Benzinsteuer wieder senkte und eine Erhöhung des SMIC, des Mindestlohns, beschloss. Doch es bleibt die Frage, ob sich die Bevölkerung damit zufriedengeben wird. Die Akzeptanz, die der Aufstand bei der Bevölkerung genoss, nahm zwar mit der Fortdauer des Konflikts ab, war jedoch trotz der Toten und Verletzten, der Zerstörungen in den Städten sowie der monatelangen Behinderungen durch Staus und verstopfte Straßen anhaltend beträchtlich. Im Frühjahr 2019 wurde der Protest noch immer von einer breiten Mehrheit der Bevölkerung getragen. Die Unterstützung der 577 Mitglieder der *Assemblée Nationale* bot dagegen ein völlig anderes Bild: Nur achtzehn Prozent der Abgeordneten unterstützten die Protestbewegung. Diese erhebliche Diskrepanz zeigte, dass der französische Volksaufstand eben auch aus einem Mangel an politischer Vertretung resultierte. Die meisten Aktivisten fühlten sich nicht von den größtenteils aus den oberen Schichten der Gesellschaft stammenden Mitgliedern der neuen Partei *En marche* von Emmanuel Macron, die bei den letzten Wahlen die *Parti Socialiste* praktisch von der politischen Landkarte gefegt hatte, repräsentiert.

In Großbritannien kamen 2019 mit dem Brexit und in den USA mit dem *Government Shutdown* ebenfalls tiefgreifende Krisen ans Licht. Auch anderswo in der westlichen Welt verlief dieses Jahr alles andere als ruhig. In Ungarn und Serbien fanden riesige Demonstrationen statt, und von Schweden aus breitete sich über Belgien, Deutschland, die Schweiz und von dort aus fast über die ganze Welt ein wahrer Schüleraufstand gegen die Erderwärmung aus.

Inzwischen hat die COVID-19-Pandemie den französischen Volksaufstand, die weltweiten Klimaproteste und viele sonstige Erhebungen erschwert, aber die Proteste in den Vereinigten Staaten gegen Rassismus und Polizeigewalt konnten seit dem Mord an George Floyd nicht einmal von einem Virus oder der Wahlkampfrhetorik eines Donald Trump aufgehalten werden. Die Spannungen zwischen den verschiedenen Bevölkerungsgruppen nehmen dadurch weiter zu. Wohin dieser Kampf führen wird, steht zum gegenwärtigen Zeitpunkt noch in den Sternen, aber sehr viel wird von der Haltung und dem Ton der nächsten amerikanischen Regierung und ihres Präsidenten Joe Biden abhängen.

Der Widerstand gegen einen Staat, der bereits seit Jahrzehnten eine strikte »neoliberale« Politik betreibt, bei der der private Sektor, die höheren Einkommen sowie die internationalen Konzerne auf Kosten der unteren Einkommen, der Umwelt und des öffentlichen Sektors verschont werden, wird nicht ohne Folgen bleiben. Auch die Sorge über den Niedergang des Rechtsstaats und der Meinungsfreiheit ist in vielen westlichen Ländern groß. Die Frage ist, wie wir das Blatt wenden können. Das Blatt wenden bedeutet im übertragenen Sinn zu intervenieren, um einen scheinbar zwangsläufigen Prozess zu stoppen oder ihn in eine andere Richtung zu lenken. Es ist ein beliebtes Sprichwort, von Politikern im In- und Ausland – »*We must turn the tide*« –, weil ein Voranschreiten auf denselben Pfaden nicht wünschenswert oder sogar fatal erscheint. Allerdings erfordert es eine fast übermenschliche Anstrengung, um das Blatt sich tatsächlich wenden zu lassen. Aber vielleicht ist es gerade dieser unmögliche Aspekt der Anstrengung, der die Phantasie anregt: »Sei realistisch, denke das Unmögliche« – es war gerade dieser Satz im Bloch'schen Sinne, der während des französischen Aufstands im Mai 1968 in Paris an Wände, auf Kaimauern und Brücken gepinselt wurde. Der Aufstand war gekennzeichnet von einem »*le pouvoir de dire non*«, also dem Vermögen, Nein zu sagen, um den Weg für eine »neue Sensibilität« freizumachen, in der Veränderungen stattfinden können.

Ich glaube, dass viele mir zustimmen würden, dass sich das Blatt der wirtschaftlichen, politischen und ökologischen Krise wenden muss, doch nur wenige scheinen sich zuständig zu fühlen, dafür auch die politischen Rahmenbedingungen neu abzustecken. Man will gewissermaßen gleich zur Sache kommen, mit praktischen Vorschlägen, die in der bestehenden Struktur umgesetzt werden sollen, und ist dann verwundert, wenn der Geist für einschneidende Veränderungen noch nicht reif ist. Jede Revolte oder Umwälzung ist jedoch nicht nur mit einem unerwarteten, sondern auch mit einem »unmöglichen« oder »utopischen« Aspekt verbunden – wörtlich: einem guten, aber noch nicht existierenden Ort –, mit dem der Geist sozusagen zuerst aufgerüttelt und erweitert werden muss, damit die Rahmenbedingungen neu gesetzt werden können. Wir brauchen kurzum »utopische« Erzählungen, Ideen und Perspektiven, um in Bewegung zu kommen; vielleicht bieten die Bürgerräte eine solche Perspektive, die gleichwohl einem realistischen Bedarf entspricht.

Die *gilets jaunes* wussten anfangs nicht, dass sie dabei waren, einen Volksaufstand zu entfesseln. Ebenso wenig hatten sie ein fertiges Programm für die Zeit danach. Niemand kann sagen, ob ihre über siebzig Protestsamstage in Folge viel bewirken werden, doch sie haben in jedem Fall die Freiheit politischen Handelns gezeigt, und das lässt sich schon als hoffnungsvoll und sogar als ein »Aufatmen« wahrnehmen. Wir wissen, dass es eines fundamentalen Kurswechsels bedarf, damit die Erde auch in Zukunft lebenswert und die Welt menschlich bleibt. Dabei sollten wir unsere Hoffnung aber nicht nur auf die in der Zukunft zu gewinnende Schlacht richten, sondern uns auch von politischen Denkern aus der Vergangenheit inspirieren lassen, um besser auf das Momentum vorbereitet zu sein, das ich an anderer Stelle »kairotisch« genannt habe, also den günstigen Zeitpunkt, an dem die unerwartete Chance, das Blatt zu wenden, plötzlich zum Greifen nahe ist.

»Es gibt nichts Wandelbareres als menschliche Psychologie«, schrieb Rosa Luxemburg am 16. Februar 1917 in einem Brief an Mathilde Wurm. »Zumal die Psyche der Massen birgt stets in sich, wie Thalatta, das ewige Meer, alle latenten Möglichkeiten: tödliche Windstille und brausenden Sturm, niedrigste Feigheit und wildesten Heroismus. Die Masse ist stets das, was sie nach Zeitumständen sein *muß*, und sie ist stets auf dem Sprunge, etwas total anderes zu werden, als sie scheint.« Hoffen wir, dass wir zusammen in der Lage sein werden, den Sprung zu wagen, der eine auf Nachhaltigkeit, Solidarität und Inklusivität gegründete Gesellschaft entstehen lassen kann. Wir haben faktisch auch keine andere Wahl: So weitermachen wie bisher ist keine Option.

Rosa Luxemburg und Hannah Arendt waren beide getrieben von einem politischen Freiheitsstreben sowie von der Liebe und dem Verantwortungsgefühl für die Welt. »Ich habe so spät, eigentlich erst in den letzten Jahren, angefangen die Welt wirklich zu lieben«, schrieb Hannah Arendt am 6. August 1955 an den Philosophen Karl Jaspers. Man kann verstehen, dass Arendt, die als junge Philosophin auf der Flucht vor den Nazis gewesen war, Zeit brauchte, um die Welt wieder lieben zu können. Sehr viel Mut war zweifellos dafür nötig, gerade diese als barbarisch erfahrene Welt in ihrem Werk einer so sorgfältigen und kritischen Untersuchung zu unterziehen. Daher ist es umso bemerkenswerter, dass gerade sie den *amor mundi* in ihrem Werk als Heilmittel gegen drohende Weltlosigkeit – und die Gewalt totalitärer Regime – in den Vordergrund gerückt hat. »Erst indem wir darüber sprechen«, schreibt Arendt in *Men in Dark Times*, »vermenschlichen wir das, was in der Welt, wie das, was in unserem eigenen Innern vorgeht, und in diesem Sprechen lernen wir, menschlich zu sein«.

Ohne Liebe und gemeinsam übernommene Verantwortung für die Welt kann dem *amor sui*, der Selbstsucht, die als das Primat des Kapitalismus gilt, nur unzureichend Gegenwehr geboten werden. Wir werden nicht nur frei, sondern erst Mensch, wenn wir die Domäne des körperlichen Überlebens und der Privatinteressen verlassen und uns auf die politisch-kulturelle Welt richten, die uns miteinander verbindet. Sonst werden wir dessen beraubt, was sowohl unsere Hoffnung als auch unsere Freiheit und Menschlichkeit in hohem Maße bestimmt: der solidarischen Fähigkeit, uns in andere hineinzuversetzen, sowie der kreativen Fähigkeit, einen Neubeginn zu machen. Ethisches Handeln, das Streben nach wirtschaftlicher Gerechtigkeit, die Sorge um den anderen, das alles würde Rosa Luxemburg zufolge der menschlichen Welt eine Richtung geben.

Wie im Vorwort zum *Rosa Luxemburg Reader* (2004) zu lesen ist: »Rosa Luxemburg reist ins einundzwanzigste Jahrhundert wie eine große Brieftaube, dabei Kontinente überbrückend und Geschichte überfliegend, um uns daran zu erinnern, dass unsere Gegenwart nicht neu, sondern die Fortsetzung eines langen menschlichen Konflikts ist, der sich nur in seiner Intensität und seinem Umfang ändert. Ihr glühender kritischer Intellekt und ihr leidenschaftlicher Geist sind für die heutige Zeit noch ebenso lebendig, wie sie es zu ihrer Zeit waren.« Dank Luxemburgs Analysen können wir auch erkennen, dass das alle paar Jahre sich wiederholende Ankreuzen eines Kästchens auf einem Stimmzettel nicht ausreicht, unsere politische Freiheit mit Inhalt zu füllen. Und schließlich können wir uns von ihren Briefen inspirieren lassen: »Dann sieh, daß Du Mensch bleibst«, schrieb sie, »Mensch sein ist vor allem die Hauptsache.« Wie erhebend wäre es doch, wenn wir das einmal wieder zu unserem Leitprinzip erklären würden?

Das Plakat, das bis vor Kurzem an Luxemburgs Geburtshaus in Zamość hing, wurde vor ein paar Jahren von den polnischen Behörden entfernt, um das neuerliche Interesse an ihrem Leben und ihrem Werk im Keim zu ersticken. Es ist wichtig, dass wir dies nicht geschehen lassen, sondern die Wiederentdeckung ihres Werks benutzen, um »den verlorenen Schatz« der Revolution, wie Arendt die Volksräte in *On Revolution* nannte, erneut gegen das Licht zu halten und auf seine Möglichkeiten abzutasten. Warum sollten wir es nicht ausprobieren und eine neue Form der Volksbefragung initiieren, die den demokratischen Gehalt unserer Gesellschaft befördern könnte?

Vielleicht könnte dies dazu beitragen, dass wir nicht wieder in »finsteren Zeiten« landen. Rosa Luxemburg und Hannah Arendt können uns Hoffnung spenden, weil sich durch sie die Zeit, in der wir heute leben, aufhellt. Sie sind die Stimmen aus der Vergangenheit, die ihrer Zeit weit voraus waren, weil sie aus dem *nunc stans* heraus dachten und schrieben – dem ewig dauernden Augenblick –, der eine Brücke zwischen einer Vergangenheit schlägt, die vorbei ist, und einer Zukunft, die noch nicht gekommen ist. Sie können uns bleibend inspirieren, weil die ursprüngliche und menschliche Kraft ihres Denkens uns zu berühren weiß und somit in Bewegung setzt.

Auswahl von Briefen von Rosa Luxemburg
aus dem Gefängnis zwischen Dezember 1916
und Dezember 1917

An Mathilde Wurm

Wronke

28. Dezember 1916

Meine liebe Tilde!

Ich will Deinen Weihnachtsbrief gleich beantworten, solange ich noch in dem frischen Zorn bin, den er in mir erregt hat. Ja, Dein Brief hat mich fuchsteufelswild gemacht, weil er mir, so kurz er ist, in jeder Zeile zeigt, wie sehr Du wieder ganz im Bann Deines Milieus stehst. Dieser heulmeierische Ton, dieses Ach und Weh über die »Enttäuschungen«, die Ihr erlebt habt – angeblich an anderen, statt nur selbst in den Spiegel zu blicken, um der Menschheit ganzen Jammer in treffendstem Konterfei zu erblikken! Und »wir« bedeutet jetzt in Deinem Munde Deine sumpfige Froschgesellschaft, während es Dir früher, wenn Du mit mir zusammen warst, meine Gesellschaft bedeutete. Dann wart, ich werde Dich per »Ihr« behandeln.

Ihr seid mir »zu wenig draufgeherisch«, meinst Du melancholisch. »Zu wenig« ist gut! Ihr seid überhaupt nicht »geherisch«, sondern »kriecherisch«. Es ist nicht ein Unterschied des Grades, sondern der Wesenheit. »Ihr« seid überhaupt eine andere zoologische Gattung als ich, und nie war mir Euer griesgrämiges, sauertöpfisches, feiges und halbes Wesen so fremd, so verhaßt wie jetzt. Das »Draufgängertum« würde Euch schon passen, meinst Du, bloß wird man dafür ins Loch gesteckt und »nutzt dann wenig«. Ach, Ihr elende Kleinkrämerseelen, die Ihr bereit wäret, auch ein bißchen »Heldentum« feilzubieten, aber nur »gegen bar«, und sei es um verschimmelte drei Kupferpfennige, aber man soll gleich einen »Nutzen« auf dem Ladentisch sehen. Und das einfache Wort des ehrlichen und geraden Menschen: »Hier steh' ich, ich kann nicht anders, Gott helf mir«, ist für Euch nicht gesprochen. Ein Glück, daß die bisherige Weltgeschichte nicht von Euresgleichen gemacht war, sonst hätten wir keine Reformation und säßen wohl noch im Ancien regime. Was mich anbelangt, so bin ich in der letzten Zeit, wenn ich schon nie weich war, hart geworden wie geschliffener Stahl und werde nunmehr weder politisch noch im persönlichen Umgang auch die geringste Konzession machen. Wenn ich mich nur an die Galerie Deiner Helden erinnere, so ergreift mich der Katzenjammer: der süße Baase, der Dittmann mit dem schönen Bart und den schönen Reichstagsreden, der schwankende Hirte Kautsky, dem Dein Emmo[*] natürlich treu durch alle Höhen und Tiefen folgt, der herrliche Arthur [Stadthagen] – ah, je n'en finirai![**] Ich schwöre Dir: Lieber sitze ich jahrelang – ich sage nicht hier, wo ich's nach allem wie im Himmelreich habe, sondern lieber in der Spelunke am Alexanderplatz,[***] wo ich in der 11 m^2 großen Zelle, morgens und abends ohne Licht, eingeklemmt zwischen das C (aber ohne W) und die eiserne Pritsche, meinen Mörike deklamierte, als mit Euren Helden zusammen, mit Verlaub zu sagen, [zu] »kämpfen« oder überhaupt zu tun haben! Dann schon lieber Graf Westarp – und nicht deshalb, weil er von meinen »mandelförmigen Samtaugen« im Reichstag redete, sondern weil er ein Mann ist. Ich sage Dir, sobald ich wieder die Nase hinausstecken kann, werde ich Eure Froschgesellschaft jagen und hetzen mit Trompetenschall, Peitschengeknall und Bluthunden – wie Penthesilea, wollte ich sagen, aber Ihr seid bei Gott keine Achilleus. Hast Du jetzt genug zum Neujahrsgruß? Dann sieh, daß Du Mensch bleibst. Mensch sein ist vor allem die Hauptsache. Und das heißt: fest und klar und heiter sein, ja, heiter trotz alledem und alledem, denn das Heulen ist Geschäft der Schwäche. Mensch sein, heißt sein ganzes Leben »auf des Schicksals große Waage«**** freudig hinwerfen, wenn's sein muß, sich zugleich aber an jedem hellen Tag und jeder schönen Wolke freuen, ach, ich weiß keine Rezepte zu schreiben, wie man Mensch sein soll, ich weiß nur, wie man's ist, und Du wußtest es auch immer, wenn wir einige Stunden zusammen im Südender Feld spazierengingen und auf dem Getreide roter Abendschein lag. Die Welt ist so schön bei allem Graus und wäre noch schöner, wenn es keine Schwächlinge und Feiglinge auf ihr gäbe. Komm, Du kriegst doch noch einen Kuß, weil Du doch ein ehrlicher kleiner Kerl bist. Prosit Neujahr!

R.

An Luise Kautsky

Wronke i. P., Festung
26. Januar 1917

Lulu, geliebte! Gestern hatte ich in Berlin (in meiner Abwesenheit) Termin, wo sicher wieder ein paar
Monate Gefängnis abgefallen sind.* Heute sind es
genau drei Monate, daß ich hier – auf der dritten
Etappe festsitze. Zur Feier solcher zwei Gedenktage,
wie sie in dieser Art schon seit Jahren mein Dasein
in angenehmer Weise unterbrechen, sollst Du einen
Brief kriegen. Verzeih, Liebste, daß ich Dich so hab'
auf Antwort warten lassen, ich hatte aber soeben
eine kurze Periode erbärmlicher Feigheit. Wir hatten mehrere Tage eisigen Sturmwind, und ich fühlte
mich so winzig und schwach, daß ich gar nicht aus
der Bude ging, damit mich die Kälte nicht vernichtet. In sotaner Stimmung wartete ich natürlich mit
Sehnsucht auf einen herzhaften, warmen Brief; aber
meine Freunde warten leider immer nur auf Anstoß
und Auftakt von mir. Niemand hat je von selbst einen frischen, guten Einfall, um mir zu schreiben –
außer Hänschen [Kautsky], der aber wohl schon etwas müde ist, seit 2 Jahren Briefe zu schreiben, »die

sie nicht erreichten« und die nicht beantwortet werden. Endlich kam ein Brief von Sonja L[iebknecht], sie gibt aber immer einen Ton wie gesprungenes Glas. So schnellte ich denn, wie stets, von selbst wieder in die Höhe, und es ist gut so.

Jetzt bin ich wieder munter und guter Dinge, und Du fehlst mir nur, um so zu schnattern und zu lachen, wie wir zwei es allein verstehen. Ich würde Dich schon bald wieder zum Lachen bringen, obwohl Deine letzten Briefe bedenklich moros klangen. Weißt Du noch, wie wir einmal von einem Abend bei Bebel zurückkamen und um Mitternacht auf der Straße zu dritt ein Froschkonzert aufführten, da sagtest Du, Du wärest immer, wenn wir zusammen sind, ein wenig im Rausch, als hätten wir Sekt getrunken. Gerade das liebe ich bei Dir, daß ich Dich immer in die Champagnerstimmung bringen kann, wo uns das Leben in den Fingern prickelt und man zu jeder Narretei aufgelegt ist. Wir können uns drei Jahre nicht sehen, und dann ist es nach einer halben Stunde, als wäre es erst gestern gewesen. Und so möchte ich jetzt plötzlich bei Hans Naivus hineinbrechen und mit Eurer Tafelrunde wieder so lachen können, wie wir im Juni beim Besuch Hänschens lachten. (Er schrieb mir nachher, daß er noch auf dem ganzen Weg zur Front zur Verwunderung der Kameraden im Coupé von Zeit zu Zeit auflachen mußte und ihnen sicher »wie ein Idiot vorkam«.) Mit dem wirklichen Champagner ist es nun für längere Zeit aus, seit der arme Faisst** als erstes Opfer des Weltkrieges fiel. Aus mit Champagner und aus mit Wolf-Liedern. Von unserem letzten »Gelage« habe ich übrigens eine sehr heitere Erinnerung. Es war im letzten Sommer, als ich im Schwarzwald war. Er kam eines Sonntags mit Costia [Zetkin] zu Besuch von Wildbad heraufgekraxelt; es war ein herrlicher Tag, und wir saßen nach dem Essen im Freien um eine kleine Batterie Mumm-Flaschen, freuten uns der Sonne und waren sehr lustig. Am meisten trank natürlich »der edle Spender« selbst. Er erlebte wieder einmal »eine unvergeßliche Stunde«, lachte, gestikulierte, schrie und stürzte ein perlendes Glas nach dem andern in seine breite schwäbische »Gosch«. Besonders amüsierte ihn das um uns auf der Veranda wimmelnde Sonntagspublikum. »Schauen Sie, wie diese Philister uns angaffen«, rief er immerzu begeistert, »wenn die erst wüßten, wer hier zecht!« Und das Gelungenste war, daß nur wir die Ahnungslosen waren, denn der Wirt hatte, wie er mir abends selbst erzählte, irgendwie mein unglückliches »Inkognito« herausbekommen und es natürlich allen seinen Gästen aufgetischt. Der Schelm bediente uns auch mit so merkwürdigem Schmunzeln und ließ die Pfropfen extra knallen, die Philister aber waren, wie Du Dir denken kannst, über dieses »sozialdemokratische Sektgelage« höchlichst erbaut. – Und jetzt wird über Faissts Grabe schon zum dritten Mal der Frühling »sein blaues Band flattern« lassen (er sang dieses Lied*** sehr schön, viel besser als die Julia Culp, die wir – weißt Du noch? – einmal zusammen in der Singakademie gehört haben). Dir ist wohl jetzt die Lust zur Musik wie zu allem für eine ganze Weile vergangen, Dein Kopf ist voller Sorgen um die schiefgehende Weltgeschichte und Dein Herz

voller Seufzer um die Erbärmlichkeit der – Scheidemann & Gen. Und jeder, der mir schreibt, stöhnt
und seufzt gleichfalls. Ich finde nichts lächerlicher
als das. Begreifst Du denn nicht, daß der allgemeine
Dalles viel zu groß ist, um über ihn zu stöhnen? Ich
kann mich grämen, wenn mir die Mimi krank wird
oder wenn Dir etwas fehlt. Aber wenn die gesamte Welt aus den Fugen geht, dann suche ich nur zu
begreifen, was und weshalb es passiert ist, und hab'
ich meine Pflicht getan, dann bin ich weiter ruhig
und guter Dinge. Ultraposse nemo obligatur.**** Und
dann bleibt mir noch alles, was mich sonst erfreute:
Musik und Malerei und Wolken und das Botanisie-
ren im Frühling und gute Bücher und Mimi und Du
und noch manches – kurz, ich bin steinreich und ge-
denke es bis zum Schluß zu bleiben. Dieses völlige
Aufgehen im Jammer des Tages ist mir überhaupt
unbegreiflich und unerträglich. Schau z. B. wie ein
Goethe mit kühler Gelassenheit über den Dingen
stand. Denk doch, was er erleben mußte: die Große Französische Revolution, die doch aus der Nähe
gesehen sicher wie eine blutige und völlig zwecklose
Farce sich ausnahm, und dann von 1793 bis 1815 eine
ununterbrochene Kette von Kriegen, wo die Welt
wiederum wie ein losgelassenes Irrenhaus aussah.
Und wie ruhig, mit welchem geistigen Gleichgewicht
trieb er gleichzeitig seine Studien über die Metamor-
phose der Pflanzen, über Farbenlehre, über tausend
Dinge. Ich verlange nicht, daß Du wie Goethe dich-
test, aber seine Lebensauffassung – den Universa-
lismus der Interessen, die innere Harmonie – kann
sich jeder anschaffen oder wenigstens anstreben.

Und wenn Du etwa sagst: Goethe war eben kein politischer Kämpfer, so meine ich: Ein Kämpfer muß erst recht über den Dingen zu stehen suchen, sonst versinkt er mit der Nase in jedem Quark – freilich denke ich an einen Kämpfer größeren Stils, nicht an ein Wetterfähnlein vom Kaliber der »großen Männer« von Eurer Tafelrunde, die mir neulich einen Kartengruß hierher geschickt hat … Nevermind – Dein Gruß war mir dabei wirklich der einzige liebe. Und dafür will ich Dir nächstens ein Bildchen aus meiner Turner-Mappe schicken. Daß Du mir bloß nicht auch einen Korb dafür gibst, wie mir das neulich passierte. Denk Dir, ich schicke zu Weihnachten ein wunderschönes Bild aus dieser Mappe an Leo [Jogiches] und kriege nun durch Frl. Jacob den Bescheid: dankend abgelehnt; das sei »Vandalismus«, das Bildchen müsse zurück in die Mappe! Echter Leo, nicht wahr? Ich war wütend, denn ich halte es auch hier mit Goethe:

> »Hätt' ich irgend wohl Bedenken,
> Balch, Bokhara, Samarkand,
> Süßes Liebchen, dir zu schenken
> Dieser Städte Rausch und Tand?
> Aber frag einmal den Kaiser,
> Ob er dir die Städte gibt?
> Er ist herrlicher und weiser,
> Doch er weiß nicht, wie man liebt.«[*****]

Leo ist weder Kaiser noch »weiser«, aber er weiß auch nicht, »wie man liebt«. Wir beide wissen's aber, nicht wahr, Lulu? Und wenn mir nächstens einfällt, ein paar Sterne herunterzuholen, um sie [an] jemand als Manschettenknöpfe zu verschenken, so soll mir kein kalter Pedant mit gehobenem Finger wehren, daß ich sämtliche Schulatlanten der Astronomie in Verwirrung bringe.

[...] Für das Frühjahr bestelle ich mir unbedingt Deinen Besuch. Wirst staunen, wen Du hier alles um mich findest! Die Kohlmeisen assistieren mir treu vor dem Fenster, sie kennen schon genau meine Stimme und haben's, scheint's, gern, wenn ich singe. Neulich sang ich die Gräfin-Arie aus »Figaro«, da hockten Stücker sechs auf dem Strauch vor dem Fenster und lauschten unbeweglich bis zu Ende; es sah sehr drollig aus. Dann kommen auf den Ruf jeden Tag auch zwei Amseln, ich habe noch nie so zahme gesehen. Sie essen vom Blech vor dem Fenster. Dafür habe ich mir aber auch zum 1. April eine Kantate bestellt, die soll sich gewaschen haben. Kannst Du mir nicht für das Volk Sonnenblumenkerne schicken? Und dann bestelle ich mir noch für den eigenen Schnabel so einen Kriegskuchen, wie Du mir schon paarmal schicktest, er gibt einen leisen Vorgeschmack des Paradieses. Und da ich nun von hohen und höchsten Dingen rede, noch eine Sache, die mir keine Ruhe gibt: Die Sternenwelt scheint auch ohne mein Verschulden in Verwirrung geraten zu sein. Ich weiß nämlich nicht, ob Ihr vor lauter Sorgen um Scheidemann bemerkt habt, daß voriges Jahr eine epochemachende Entdeckung gemacht worden ist: Der Engländer Walkey soll »das Zentrum des Weltalls« entdeckt haben, und das wäre der Stern Kanopus im Bilde Schiff Argo (südliche Hemisphäre), der »nur« 500 Lichtjahre von uns entfernt und etwa 1½ Millionen Mal größer ist als die Sonne. Diese Dimensionen imponieren mir nun gar nicht, ich bin abgebrüht. Aber eine andere Sorge habe ich: Ein Zentrum, um das sich »alles« bewegt, verwandelt das Weltall in eine Kugel. Nun finde ich es von vollendeter Abgeschmacktheit, mir das Universum als eine Kugel – eine Art großen Kartoffelkloß oder Eisbombe – vorzustellen. Diese Symmetrie der Figur ist gerade in diesem Fall, wo es »ums Ganze« geht, eine ganz kleinbürgerliche, platte Vorstellung. Sodann aber geht doch dabei nicht mehr und nicht minder wie die Unendlichkeit des Universums flöten. Denn eine »kugelförmige Unendlichkeit« ist doch Blech. Und ich muß zu meinem geistigen Komfort unbedingt noch irgend etwas außer der menschlichen Dummheit als unendlich denken können! Wie Du siehst, habe ich buchstäblich »die Sorgen des Herrn von Kant«. Was meint dazu Hans Naivus oder sein gelehrter Filius? Schreib jetzt gleich einen ordentlichen Brief de omnibus rebus,****** sonst exmittiere ich Dich aus der Hauptkammer meines Herzens, wo Du gleich neben Mimi sitzest, in eine Nebenkammer. –

Herrgott! Die Hauptsache vergaß ich: Die Übersetzung habe ich noch nicht fertig, nur noch sieben Bogen, aber auch die müßte ich erst abschreiben. Kann der Verleger denn nicht nach zwölf Bogen urteilen?! Endlich Schluß.

Ich umarme Dich Deine R.

NB: Du kannst direkt hierher schreiben: Wronke i. P., Festung, ich kriege den Brief sicher.

Falls Du für mich von Hänschen einen Brief be-
kommst, schicke ihn ruhig hierher. Er kann über
alles an mich schreiben.

* Am 25. Januar 1917 war vor dem Königlichen Schöffengericht in Berlin-Mitte gegen Rosa Luxemburg wegen Belei-
digung eines Kriminalschutzmannes verhandelt worden.
Luxemburg wurde zu zehn Tagen Gefängnis verurteilt.
Zudem war Rosa Luxemburg wegen ihres politischen
Wirkens am 10. Juli 1916 auf Verfügung des militäri-
schen Oberkommandos in »militärische Sicherheitshaft«
genommen worden. Sie wurde zunächst in das Polizei-
gefängnis am Alexanderplatz in Berlin eingeliefert, kam
später in das Berliner Frauengefängnis in der Barnimstraße, danach in die Festung Wronke in Posen und anschließend in das Gefängnis nach Breslau, aus dem sie am
8. November 1918 befreit wurde.
** Hugo Faisst war am 30. Juli 1914 gestorben.
*** Es handelt sich um die Vertonung von Eduard Mörikes
Gedicht »Er ist's.«
**** Niemand ist verpflichtet, mehr zu tun, als er kann.
***** Johann Wolfgang von Goethe: Westöstlicher Diwan,
aus dem Buch Suleika.
****** über alle Dinge

An Marta Rosenbaum

Wronke,
zwischen 4. und 9. Februar 1917

Mein liebes Martchen!

Ich war so glücklich über den gestrigen Besuch.
Es war so schön und gemütlich, und ich hoffe sicher, heute und Sonntag wird es ebenso sein. Das ist
für mich eine große seelische Erfrischung, von der

ich nun mehrere Wochen zehren werde. Sie haben mich so wohlig erwärmt durch Ihre Nähe, Sie liebe Seele. Nach einiger Zeit kommen Sie wieder, ja? Ich freue mich schon auf das nächste Mal. Das heißt, wenn ich noch weiter hier sitze. Aber Sie können im allgemeinen wirklich ruhig um mich sein: Ich befolge jetzt die ärztlichen Vorschriften aufs peinlichste und hoffe fest, von hier gesund und kräftig wegzugehen, so daß Ihr an mir in Kampf und Arbeit Freude haben sollt. Zu kämpfen und zu arbeiten wird es viel, viel geben. Aber ich verzage absolut nicht. Liebste, die Geschichte weiß immer selbst am besten Rat, wo die Sachlage am verzweifeltsten aussieht. Ich rede da nicht etwa einem bequemen Fatalismus das Wort! Ganz im Gegenteil! Der menschliche Wille muß aufs äußerste angestachelt werden, und es gilt, bewußt zu kämpfen aus aller Kraft. Aber ich meine: Der Erfolg dieser bewußten Einwirkung auf die Massen hängt jetzt, wo alles so absolut hoffnungslos aussieht, von elementaren, tief verborgenen Sprungfedern der Geschichte ab, und ich weiß aus der geschichtlichen Erfahrung, auch aus persönlicher Erfahrung in Rußland, daß gerade dann, wenn äußerlich sich alles glänzend ausweglos und jämmerlich ausnimmt, schon ein völliger Umschwung sich vorbereitet, der dann allerdings um so heftiger ist. Vergessen Sie überhaupt nie: Wir sind an geschichtliche Entwicklungsgesetze gebunden, und diese versagen nie, wenn sie auch manchmal nicht just nach Schema F gehen, das wir uns zurechtgelegt haben. Also, auf jeden Fall: Kopf hoch und den Mut nicht sinken lassen.

Ich umarme Sie kräftig in warmer Liebe
Ihre R.

Schreiben Sie noch Hänschen [Diefenbach], falls er hier, wie ich rate, einfach auftauchen will, dann am besten Sonntagmittag. Vielleicht nächsten? Er soll natürlich nicht erwähnen, daß er wußte, es sei am Sonntag am besten, er soll aufs »Geratewohl« kommen, weil die Erlaubnis der Kommandantur zu lange daure. Ich garantiere für Erfolg.

An Mathilde Wurm

Wronke i. P., Festung,
16. Februar 1917
(Sende Deine Briefe direkt hierher verschlossen und ohne Aufschrift »Kriegsgefangenenbrief«.)

Meine liebe Tilde!

Brief, Karte und Keks erhalten – besten Dank. Sei ruhig, trotzdem Du mir so tapfer pariert hast und mir sogar Fehde ansagst,* bleibe ich Dir so gut wie ich war. Daß Du mich »bekämpfen« willst, habe ich belächeln müssen. Mädchen, ich sitze fest im Sattel, mich hat noch keiner in den Sand gestreckt; auf den, der's kann, bin ich neugierig. Ich mußte aber noch aus einem andern Grunde lächeln: Weil Du mich gar nicht »bekämpfen« magst und an mir auch politisch viel mehr hängst, als Du's wahrhaben willst. Ich werde Dir stets der Kompaß bleiben, weil Dir Deine gerade Natur sagt, daß ich das unbeirrbarste Urteil habe – fallen doch bei mir all die störenden Nebenmomente weg: Ängstlichkeit, Routine, parlamentarischer Kretinismus, die das Urteil des anderen trüben. Deine ganze Argumentation gegen meine Losung: Hier steh' ich – ich kann nicht anders! läuft auf das Folgende hinaus: Schön und gut, aber die Menschen sind feig und schwach für solches Heldentum, ergo müsse man die Taktik ihrer Schwachheit und dem Grundsatz chi va piano, va sano** anpassen. Welche Enge des historischen Blicks, mein Lämmchen! Es gibt nichts Wandelbareres als menschliche Psychologie. Zumal die Psyche der Massen birgt stets in sich, wie Thalatta, das ewige Meer, alle latenten Möglichkeiten: tödliche Windstille und brausenden Sturm, niedrigste Feigheit und wildesten Heroismus. Die Masse ist stets das, was sie nach Zeitumständen sein muß, und sie ist stets auf dem Sprunge, etwas total anderes zu werden, als sie scheint. Ein schöner Kapitän, der seinen Kurs nur nach dem momentanen Aussehen der Wasseroberfläche steuern und nicht verstehen würde, aus Zeichen am Himmel und in der Tiefe auf kommende Stürme zu schließen! Mein kleines Mädchen, die »Enttäuschung über die Massen« ist stets das blamabelste Zeugnis für den politischen Führer. Ein Führer großen Stils richtet seine Taktik nicht nach der momentanen Stimmung der Massen, sondern nach ehernen Gesetzen der Entwicklung, hält an seiner Taktik fest trotz aller Enttäuschungen und läßt im übrigen ruhig die Geschichte ihr Werk zur Reife bringen.

Damit wollen wir »die Debatte schließen«. Freundin bleibe ich Dir gern. Ob ich Dir auch, wie Du willst, Lehrerin bleibe, hängt von Dir ab.

Du erinnerst mich an einen Abend vor 6 Jahren, an dem wir zusammen am Schlachtensee auf den Kometen*** warteten. Merkwürdig, kann mich absolut nicht mehr entsinnen. Aber eine andere Erinnerung rufst Du mir wach. Ich saß damals an einem Oktoberabend mit Hans Kautsky (dem Maler) an der Havel, vis-à-vis der Pfaueninsel, und wir warteten auch auf den Kometen. Es war schon tiefe Dämmerung, doch am Horizont brannte noch ein düsterer Purpurstreif, der sich in der Havel spiegelte und die Wassertafel in ein großes Rosenblatt verwandelte. Eine leichte Böe strich darüber hin und kräuselte dunkle Schuppen auf dem Wasser, das von einem Schwarm schwarzer Punkte besprenkelt war; es waren Wildenten, die auf ihrem Zug in der Havel Rast hielten und ihren gedämpften Schrei, in dem so viel Sehnsucht und Weite klingt, zu uns herübersandten. Es war eine wunderbare Stimmung, und wir saßen schweigend, wie verzaubert. Ich blickte auf die Havel, Hans zufällig auf mich. Plötzlich fuhr er entsetzt auf, umfaßte mich bei der Hand: Was mit mir wäre? rief er. Hinter seinem Rücken war nämlich ein Meteor niedergegangen und hatte mich mit phosphorgrünem Licht übergossen, so daß ich leichenhaft erblaßte. Und da ich bei dem seltsamen Schauspiel, das ihm unsichtbar war, heftig zusammenzuckte, so dachte Hans wohl nicht anders, als ich sei im Sterben. (Er machte von dem Abend an der Havel nachher ein schönes großes Bild.)

Daß Du für nichts Zeit und Sinn hast jetzt als für »den einen Punkt«, nämlich die Parteimisere, ist fatal, denn solche Einseitigkeit trübt auch das politische Urteil, und vor allem muß man jederzeit als voller Mensch leben. Aber sieh, Mädchen, wenn Du schon so selten dazu kommst, ein Buch in die Hand zu nehmen, dann lies doch wenigstens nur Gutes, nicht solchen Kitsch wie den »Spinoza-Roman«, den Du mir schicktest. Was willst Du mit den speziellen Judenschmerzen? Mir sind die armen Opfer der Gummiplantagen in Putumayo, die Neger in Afrika, mit deren Körper die Europäer Fangball spielen, ebenso nahe. Weißt Du noch die Worte auf dem Werke des Großen Generalstabs über den Trothaschen Feldzug in der Kalahari:**** »Und das Röcheln der Sterbenden, der Wahnsinnsschrei der Verdurstenden verhallten in der erhabenen Stille der Unendlichkeit.« O diese »erhabene Stille der Unendlichkeit«, in der so viele Schreie ungehört verhallen, sie klingt in mir so stark, daß ich keinen Sonderwinkel im Herzen für das Ghetto habe: Ich fühle mich in der ganzen Welt zu Hause, wo es Wolken und Vögel und Menschentränen gibt.

Gestern abend gab es wunderschöne rosige Wolken über meiner Festungsmauer. Ich stand vor meinem vergitterten Fenster und rezitierte für mich mein Lieblingsgedicht von Mörike:

In ein freundliches Städtchen tret' ich ein,
In den Straßen liegt roter Abendschein,
Aus einem offenen Fenster eben,
Über den reichsten Blumenflor
Hinweg, hört man Goldglockentöne schweben,
Und eine Menschenstimme scheint ein Nachtigallenchor,

Daß die Blumen beben,
Daß die Düfte leben,
Daß in höherem Rot die Rosen leuchten vor.
Lang hielt ich staunend, lustbeklommen,
Wie ich hinaus vors Tor gekommen,
Ich weiß es selber wahrlich nicht.
Und hier – wie liegt die Welt so licht!
Der Himmel wogt in purpurnem Gewühle,
Rückwärts die Stadt in goldenem Rauch.
Wie rauscht der Erlenbach?
Wie rauscht im Grund die Mühle?
Ich bin wie trunken, irregeführt.
O Muse, Du hast mein Herz berührt
Mit Deinem Liebesband! …

So und nun leb wohl, mein braves, gutes Mädchen. Weiß der Himmel, wann ich wieder dazu komme, Dir einen Brief zu schreiben, ich habe jetzt keine Schreiblust. Aber diesen war ich Dir schuldig.

Kuß und kräftigen Händedruck Deine R.

* Siehe Seite 86 – 88
** Im übertragenen Sinn: Wer langsam geht, kommt auch zum Ziel.
*** Rosa Luxemburg meint den Halley'schen Kometen, der von März bis Juni 1910 zu sehen war.
**** Im Jahre 1904 hatten sich in Südwestafrika die Völker der Hereros und Nama gegen die deutsche Kolonialherrschaft erhoben. Zur Niederschlagung des Aufstandes war eine Kolonialtruppe von 12.000 Mann unter dem Befehl des Generals Lothar von Trotha eingesetzt worden. Die Eingeborenen wurden in die Wüste getrieben, von ihren Wasservorkommen abgeschnitten und so zu Tausenden einem grausamen Tod ausgesetzt. General von Trotha hatte Befehl gegeben, auch auf Frauen und Kinder zu schießen.

An Sophie Liebknecht

Wronke i. P., Festung
18. Februar 1917

Meine liebste Sonitschka!

Ich freute mich sehr über Ihren Brief, doch tat mir das zerquälte Gesichtchen, das aus jeder Zeile hervorguckt, sehr weh. Sie müssen fort! Warum trödeln Sie, weshalb fassen Sie keinen festen und klaren Entschluß? Jeder Tag ist eine Versündigung an Ihrem Zustand! Gehen Sie nach Aidenbach, wie Hans D[iefenbach] rät, er war dort sehr gut aufgehoben.

Seit langem hat mich nichts so erschüttert wie der kurze Bericht Martas [Rosenbaum] über Ihren Besuch bei Karl, wie Sie ihn hinter dem Gitter fanden und wie das auf Sie wirkte. Weshalb haben Sie mir das verschwiegen? Ich habe ein Anrecht, an allem, was Ihnen wehtut, teilzunehmen, und lasse meine Besitzrechte nicht kürzen! Die Sache hat mich übrigens lebhaft an mein erstes Wiedersehen mit den Geschwistern vor zehn Jahren in der Warschauer Zitadelle* erinnert. Dort wird man in einem förmlichen Doppelkäfig aus Drahtgeflecht vorgeführt, d. h. ein kleinerer Käfig steht frei in einem größeren, und durch das flimmernde Geflecht der beiden muß man sich unterhalten. Da es dazu just nach einem sechstägigen Hungerstreik war, war ich so schwach, daß mich der Rittmeister (unser Festungskommandant) ins Sprechzimmer fast tragen mußte und ich mich im Käfig mit beiden Händen am Draht festhielt, was wohl den Eindruck eines wilden Tieres im

Zoo verstärkte. Der Käfig stand in einem ziemlich dunklen Winkel des Zimmers, und mein Bruder drückte sein Gesicht dicht an den Draht. »Wo bist du?« frug er immer und wischte sich vom Zwicker die Tränen, die ihn am Sehen hinderten. – Wie gern und freudig würde ich jetzt dort im Luckauer Käfig sitzen, um es Karl abzunehmen!

Bitte, richten Sie an Pfemfert** meinen herzlichen Dank für den Galsworthy aus. Ich habe ihn gestern zu Ende gelesen und freue mich sehr darüber. Dieser Roman hat mir freilich viel weniger gefallen als »Der reiche Mann«, nicht obwohl, sondern weil die soziale Tendenz dort mehr überwiegt. Im Roman schaue ich nicht nach der Tendenz, sondern nach künstlerischem Wert. Und in dieser Beziehung stört mich in den »Weltbrüdern«, daß Galsworthy zu geistreich ist. Das wird Sie wundern. Aber es ist derselbe Typ wie Bernard Shaw und auch wie Oscar Wilde, ein jetzt in der englischen Intelligenz wohl stark verbreiteter Typus eines sehr gescheiten, verfeinerten, aber blasierten Menschen, der alles in der Welt mit lächelnder Skepsis betrachtet. Die feinen, ironischen Bemerkungen, die Galsworthy über seine eigenen Personae dramatis mit dem ernstesten Gesicht macht, lassen mich oft laut auflachen. Aber wie wirklich wohlerzogene und vornehme Menschen nie oder selten über ihre Umgebung spötteln, wenn sie auch alles Lächerliche bemerken, so ironisiert ein wirklicher Künstler nie über seine eigenen Geschöpfe. Wohlverstanden, Sonitschka, das schließt die Satire großen Stils nicht aus! Zum Beispiel der »Emanuel Quint« von Gerhart Hauptmann ist die blutigste Satire auf die moderne Gesellschaft, die seit hundert Jahren geschrieben worden ist. Aber Hauptmann selbst grinst dabei nicht; er steht zum Schluß mit bebenden Lippen und weit offenen Augen, in denen Tränen schimmern. Galsworthy hingegen wirkt auf mich mit seinen geistreichen Zwischenbemerkungen wie ein Tischnachbar, der mir auf einer Soiree beim Eintreten jedes neuen Gastes in den Salon eine Malice über ihn ins Ohr flüstert.

Klara [Zetkin] schrieb mir begeistert über den »Reichen Mann«. Aber wie puritanisch-herb ist ihr Urteil über unsere – Ihre und meine – Irene, dieses entzückende Geschöpf, das zu schwach ist, um sich mit den Ellbogen den Weg durch die Welt zu bahnen, und wie eine zertretene Blume am Wege liegenbleibt. Für solche »Damen«, die nur »Geschlechts- und Verdauungsapparate« seien, fehle ihr, Klara, das Verständnis. Als ob jede Frau eine »Agitatorin« oder Stenotypistin oder Telephonistin oder so was »Nützliches« werden könnte! Und als ob schöne Frauen – zur Schönheit gehört freilich nicht nur eine gute Maske, sondern auch innere Feinheit und Grazie –, als ob schöne Frauen nicht schon deshalb ein Geschenk des Himmels wären, weil sie unsere Augen erfreuen! Wenn Klara als Cherub vor dem Tor des Zukunftsstaates mit flammendem Schwerte die Irenen vertreiben wird, so werde ich sie mit gefalteten Händen bitten: Laß uns die zarten Irenen, wenn sie auch zu nichts gut sind, als die Erde zu schmücken, wie die Kolibris und die Orchideen. Ich bin für Luxus in jeder Gestalt.

Und Sie, Sonitschka, werden sicher diese meine Fürsprache für holde Frauen, deren Liebenswürdigkeit ihr ausreichendes Daseinsrecht ist, unterstützen, denn bei Ihnen wird es ein Plädoyer pro domo sua*** sein.

Heute ist wieder Sonntag, der tödlichste Tag für Gefangene und Einsame. Ich bin traurig, wünsche aber sehnlichst, daß Sie es nicht sind und Karl auch nicht. Schreiben Sie bald, wann und wohin Sie endlich zur Erholung gehen.

Ich umarme Sie herzlichst und grüße die Kinder Ihre R.

Kann Pfemfert mir nicht noch etwas Gutes schikken? Vielleicht etwas von Thomas Mann? Ich kenne noch nichts von ihm. Noch eine Bitte: Die Sonne fängt an, mich im Freien zu blenden; vielleicht schicken Sie mir im Briefkuvert einen Meter dünnen schwarzen Schleier mit zerstreuten schwarzen Pünktchen!! Vielen Dank im voraus.

* Rosa Luxemburg war am 4. März 1906 in Warschau, wo sie aktiv an der russischen Revolution teilgenommen hatte, verhaftet und vom Rathaus zur Zitadelle gebracht worden, wo sie bis zum 28. Juni 1906 im berüchtigten X. Pavillon eingekerkert war.
** Franz Pfemfert, Herausgeber und Verleger
*** in eigener Sache

An Hans Diefenbach

Hänschen, von den tausend Dingen, die ich Ihnen zu sagen habe, hier noch eine Handvoll. Jetzt bin ich wieder in ruhigerer Verfassung und will Ihnen deshalb schreiben, jenen zerrissenen Brief schickte ich nicht, um Sie nicht traurig zu machen; schwarz auf weiß macht sich eine vorübergehende Depression viel tragischer als in Wirklichkeit. Jetzt schreibe ich hauptsächlich aus folgendem Anlaß. Frl. Mathilde J[acob], die hier ist, fährt nach Posen und hofft Sie zu sehen; ich habe sie dazu angestiftet, weil ich mir denke, daß Ihnen das recht sein wird; sie wird Ihnen über mich ausführlich berichten und Ihnen meine brühwarmen Grüße überbringen – aber auch noch etwas! Und dieses Etwas ist – mein Manuskript der Antikritik, Antwort auf die Eckstein, Bauer & Co., zur Verteidigung meines Buches über die Akkumulation! Sie Unglückseliger sind ausersehen, der zweite Leser dieses Opus zu sein (der erste war natürlich Mehring, der das Manuskript mehrmals gelesen hat und es beim ersten Mal »einfach genial«, »eine wahrhaft großartige, hinreißende Leistung« nannte, die seit Marx' Tode ihresgleichen nicht habe; bei einem späteren Bericht – wir hatten uns inzwischen vorübergehend »verknurrt«, wie er das nennt – hat er sich gemäßigter ausgedrückt! …). In Wirklichkeit ist das eine Leistung, auf die ich einigermaßen stolz bin und die mich sicher überleben wird. Sie ist viel reifer als die »Akkumulation« selbst: die Form zur höchsten Einfachheit gebracht, ohne jedes Beiwerk, ohne jede Koketterie und Blendwerk, schlicht, nur auf große Linien reduziert, ich möchte sagen, »nackt« wie ein Marmorblock. Dies ist jetzt überhaupt meine Geschmacksrichtung, die in der wissenschaftlichen Arbeit wie in der Kunst nur das Einfache, Ruhige und Großzügige schätzt, weshalb mir z. B. der vielgerühmte erste Band des Marx'schen »Kapitals« mit seiner Überladung an Rokoko-Ornamenten im Hegel'schen Stil jetzt ein Greuel ist (wofür vom Parteistandpunkt 5 Jahre Zuchthaus und 10 Jahre Ehrverlust verwirkt sind …). Natürlich muß der Leser, um meine »Antikritik« wissenschaftlich zu würdigen, die Nationalökonomie im allgemeinen und die Marxsche im besonderen aus dem ff beherrschen. Und wie viele solcher Sterblichen gibt es heute? Nicht ein halbes Dutzend. Meine Arbeiten sind wirklich von diesem Standpunkt Luxusware und könnten auf Büttenpapier gedruckt werden. Die »Antikritik« ist aber wenigstens ganz frei von den algebraischen Formeln, die auf den »schlichten Leser« so panisch wirken. Im allgemeinen glaube ich, daß Sie das Ding verstehen werden, Mehring rühmte gerade »die kristallene Klarheit und Durchsichtigkeit der Darstellung«. Sie sollen es also lesen und mir Ihr Urteil als »einfacher Mann aus dem Volke« sagen. Über die künstlerische Seite der Darstellung ist mir Ihr Urteil von größtem Wert. Ich will aber auch sehen, wieviel Sie davon kapieren werden. Also frisch an die Arbeit! Surge, puer,* oder wenn Sie nicht können, lesen Sie's im Liegen, aber machen Sie sich daran, und schreiben Sie, welchen Eindruck Sie davontragen. Es wird Ihnen auch gar nicht schaden, mal wieder in die Nationalökonomie hineinzuschmecken.

Ach, Hänschen, wenn doch der Winter schon zu Ende wäre. Mich zermalmt dieses Wetter, ich kann jetzt keine Härte vertragen, weder von Menschen noch von der Natur. Jedes Jahr um diese Zeit pflegte ich schon meine Reisevorbereitungen zu machen, denn am 7. oder 10. April war ich schon stets am Genfer See. Jetzt habe ich ihn drei Jahre nicht gesehen. O dieser blaue, traumhaft schöne Genfer See. Wissen Sie noch, welche Überraschung man erlebt, wenn man nach der öden Strecke Bern – Lausanne und nach einem letzten furchtbar langen Tunnel plötzlich über der großen blauen Tafel des Sees schwebt? Jedesmal flattert mir das Herz auf wie ein Falter. Und dann die herrliche Strecke von Lausanne nach Clarens, mit den winzigen Statiönchen alle 20 Minuten, tief unten am Wasser ein Häuflein kleiner Häuser um ein weißes Kirchlein gruppiert, der ruhig-singende Ausruf des Kondukteurs, dann fängt die Stationsglocke ihr Gebimmel an – je dreimal hintereinander und wieder dreimal und wieder –, der Zug setzt sich langsam in Bewegung, aber die Glocke bimmelt immer noch so hell und heiter. Und der blaue Wasserspiegel ändert immerzu seine Fläche zum Bahngeleise, bald steht er aufwärts schräg, bald abfallend, und darauf kriechen unten wie ins Wasser gefallene Maikäfer die kleinen Dampfer, eine lange Schleppe weißen Schaums nach sich ziehend. Und das jenseitige Ufer – die weiße, schroffe

Bergwand unten meist in blauem Duft verhüllt, so daß nur die oberen Schneepartien so unwirklich im Himmel schweben. Und über allem der blendende, mächtige Dent du Midi. Herrgott, wann werde ich wieder den April dort verleben! Wie Balsam gießt sich dort die Luft und Ruhe und Heiterkeit jedesmal in meine Seele. In meinem Chailly sur Clarens sind die Weinberge noch mit Unkraut vorigen Jahrs überwuchert. Das Behacken beginnt erst allmählich. Ich darf noch in den Weinbergen herumschlendern und die roten Taubnesseln und die saphirblauen, betäubend duftenden Traubenhyazinthen pflücken, die dort in ungezählten Mengen wuchern. Um 11 Uhr wird den Bauern das Mittagessen heraufgebracht; der Vater in Hemdsärmeln legt den Spaten weg und setzt sich auf die Erde, die Frau und die Kinder, die mitgekommen sind, hocken um ihn herum; der mitgebrachte Korb wird aufgemacht, und die Familie verzehrt schweigend das Mahl. Der Vater wischt sich mit dem Hemdärmel den Schweiß von der Stirne, denn die Aprilsonne brennt schon hier im Weinberg tüchtig. Und ich liege schweigend in der Nähe, lasse mich von der Sonne durchglühen, beobachte blinzelnd die Winzerfamilie und nage an einem Grashalm, im Kopf keinen einzigen Gedanken, aber im ganzen Körper das einzige Gefühl: Herrgott, wie schön ist die Welt und das Leben! Und oben auf dem Col de Jaman kriecht ein Bähnlein von Glion hinauf wie eine dunkle Raupe, über ihm in der Luft ein winziger Rauchschleier, der in der Luft flattert wie ein ferner Gruß eines abfahrenden Freundes! ...

Hänschen, adieu,
R.

* Erhebe dich, Knabe!

An Sophie Liebknecht

Wronke
3. Juni 1917, Sonntag früh

Sonjuscha, wissen Sie, wo ich bin, wo ich Ihnen diesen Brief schreibe? Im Garten! Ich habe mir ein kleines Tischchen herausgeschleppt und sitze nun versteckt zwischen grünen Sträuchern. Rechts von mir die gelbe Zierjohannisbeere, die nach Gewürznelken duftet, links ein Ligusterstrauch, über mir reichen ein Spitzahorn und ein junger, schlanker Kastanienbaum einander ihre breiten, grünen Hände, und vor mir rauscht langsam mit ihren weißen Blättern die große, ernste und milde Silberpappel. Auf dem Papier, auf dem ich schreibe, tanzen leichte Schatten der Blätter mit hellen Lichtkringeln der Sonne, und von dem regenfeuchten Laub fällt mir auf Gesicht und Hände ab und zu ein Tropfen. In der Gefängniskirche ist Gottesdienst; dumpfes Orgelspiel dringt undeutlich heraus, gedeckt vom Rauschen der Bäume und dem hellen Chor der Vögel, die heute alle munter sind; aus der Ferne ruft der Kuckuck. Wie ist es schön, wie bin ich glücklich, man spürt schon beinahe die Johannisstimmung – die volle, üppige Reife des Sommers und den Lebensrausch;

kennen Sie die Szene in den Wagnerschen »Meister-singern«, die Volksszene, wo eine bunte Menge in die Hände klatscht: Johannistag! Johannistag! und alles plötzlich anfängt, einen Biedermeierwalzer zu tanzen? In diese Stimmung konnte man in diesen Tagen kommen. – Was habe ich alles gestern erlebt!! Das muß ich Ihnen erzählen. Vormittags fand ich im Baderaum am Fenster ein großes Pfauenauge. Es war wohl schon ein paar Tage drin und hatte sich an der harten Scheibe zu Tode mattgeflattert; es gab nur noch schwache Lebenszeichen mit den Flügeln. Als ich es bemerkte, zog ich mich zitternd vor Unge-duld wieder an, kletterte aufs Fenster und nahm es behutsam in die Hände – es wehrte sich nicht mehr, und ich dachte, es sei wohl schon tot. Ich setzte es bei mir auf das Gesims vor dem Fenster, damit es zu sich käme, und da regte sich noch schwach das Le-bensflämmchen, aber es blieb still sitzen; dann legte ich ihm vor die Fühler ein paar offene Blüten, damit es was zu essen habe; gerade sang vor dem Fenster hell und übermütig der Gartenspötter, daß es hallte; ich sagte unwillkürlich laut: »Hör zu, wie das Vög-lein lustig singt, da muß Dir doch auch das bißchen Leben zurückkehren!« Ich mußte selbst lachen über diese Ansprache an das halbtote Pfauenauge und dachte mir: verlorene Worte! Aber nein – nach einer halben Stunde erholte sich das Tierchen, rutschte erst ein bißchen hin und her und flog endlich lang-sam fort! Wie freute ich mich über diese Rettung! Das war das eine Erlebnis.

Nachmittags ging ich natürlich wieder in den Garten, in dem ich von 8 Uhr früh bis 12 bin (wo man mich zum Essen ruft) und wieder von 3 bis 6. Ich wartete auf die Sonne, ich hatte das Empfinden, sie müsse, sie müsse sich noch gestern zeigen. Aber sie zeigte sich nicht, und ich wurde traurig. Ich ging im Garten umher und sah bei dem leichten Winde etwas Merkwürdiges: An der Silberpappel zerflatterten die überreifen Kätzchen, und ihr Samenflaum flog rings umher, füllte die ganze Luft wie mit Schneeflocken, bedeckte die Erde und den ganzen Hof; das sah so geisterhaft aus, wie der Silberflaum herumflatterte! Die Silberpappel blüht später als alle anderen Kätzchenträger, und dank dieser üppigen Samenausstreuung verbreitet sie sich sehr weit, ihre kleinen Schößlinge sprießen wie Unkraut aus allen Ritzen an der Mauer und zwischen Steinen.

Dann wurde ich um 6, wie immer, wieder eingesperrt, saß traurig mit einem dumpfen Druck im Kopf am Fenster, denn es war schwül, und blikkte hinauf, wo unter weißen, flockigen Wolken auf pastellblauem Grund in schwindelnder Höhe die Schwalben munter herumschossen und mit ihren spitzen Flügeln die Luft wie mit Scherchen zu zerschneiden schienen. Bald verdunkelte sich aber der Himmel, alles verstummte, und es gab ein Gewitter, ein kurzes, kräftiges Gewitter mit heftigem Platzregen und zwei krachenden Donnerschlägen, bei denen alles erbebte. Darauf folgte ein Bild, das mir unvergeßlich bleibt. Das Gewitter hatte sich bald weiter verzogen, der Himmel wurde dick einfarbig grau, eine stumpfe, fahle, gespenstische Dämmerung senkte sich plötzlich auf die Erde, es war, wie wenn dichte graue Schleier herabhingen; der Regen rieselte ganz leise und gleichmäßig auf die Blätter, das Wetterleuchten flammte einmal über das andere purpurrot in das bleierne Grau auf, und ein fernes Grollen des Donners rollte immer wieder wie letzte schwache Wellen einer Brandung heran. Und mitten in all dieser gespenstischen Stimmung schlug plötzlich vor meinem Fenster auf dem Ahorn die Nachtigall! Mitten in den Regen, in Wetterleuchten, in Donner schmetterte sie wie eine helle Glocke, sie sang wie berauscht, wie besessen, wollte den Donner übertönen, die Dämmerung erhellen – ich habe nie so Schönes gehört. Ihr Gesang wirkte auf dem Hintergrund des abwechselnd bleiernen und purpurnen Himmels wie leuchtendes Silbergeflimmer. Das war so geheimnisvoll, so unbegreiflich schön, und ich wiederholte unwillkürlich den letzten Vers jenes Goethischen Gedichts: O wärst du da!*…

Stets Ihre R

* Aus dem Gedicht Johann Wolfgang von Goethes »Nähe des Geliebten«

An Clara Zetkin

Wronke
1. Juli 1917

Meine liebste Klara!

Gerade als ich zur Feder griff, um Dir zu schreiben, wurde mir Dein lieber Brief vom 29. 6. gebracht. Du kannst Dir denken, wie ich mich freute und wie ich mich jedesmal freue, wenn Du mir wieder über Dein Befinden, über Euer Haus, den Garten und die Tiere genauen Bericht gibst. Es ist mir dabei immer, als hätte ich von meinem eigenen Heim Nachricht gekriegt, und ich bin dann für einige Zeit wieder um Dich beruhigt. Ich bin glücklich, daß es mit Dir gesundheitlich langsam, aber doch sicher bergauf geht. Bitte, laß das Jammern über Dein »Vegetieren«. Gerade dies ist es, was Dir not tut, hast Du doch durch Dein wahnwitziges Drauflosschaffen Tage und Nächte durch während der ganzen Jahre, seit ich Dich kenne, ein solches Defizit an Ruhe und Ausspannen angehäuft, daß es jetzt durch Jahre von »Vegetieren« kaum ausgeglichen werden kann. Daß ich das Pech haben muß, gerade in dieser nie dagewesenen Zeit Deines »Vegetierens« nicht dabeisein zu können, um mit Dir wenigstens ein paar Tage lang ruhig zusammen im Garten zu sitzen oder im Walde zu spazieren und über alles zu plaudern. Gelang mir doch sonst weder in Berlin noch in Stuttgart je, Dich von Deinen ewigen Sitzungen, Manuskripten und Korrekturen loszukriegen und mit Dir ein bißchen »menschlich« zusammen zu leben. Weißt Du noch das einzige Mal, wo ich es durchgemacht habe, Dich ins Theater zum Tolstoischen »Licht in der Finsternis« zu schleppen? Das war, glaube ich, auch alles. Sonst sah ich Dich meist nur in die ewigen »Sitzungen« eilen, schon frühmorgens nervös und kribblig von den dort zu erwartenden Genüssen, und dann spät abends heimkehren, voller Katzenjammer und seelischer wie leiblicher »Gebrochenheit«. Weißt Du aber, was ich beschlossen habe? Nach dem Kriege erlaube ich Dir einfach nicht mehr, an irgendwelchen Sitzungen teilzunehmen, und bin meinerseits mit allen Konventikeln ein für allemal fertig. Wo es große Dinge gilt, wo der Wind um die Ohren braust, da will ich mitten im Dicksten stehen, aber die tägliche Tretmühle habe ich satt und Du wohl auch.

Ich freue mich, daß Du den Streich gegen Dich so kühl und gelassen hinnimmst. Eben habe ich die erste Frauenbeilage der »Leipziger Volkszeitung« erhalten und mich natürlich darauf gestürzt. Die Nr. ist, unter uns gesagt, schwach, aber Dein Abschiedswort ist glänzend, und das ist doch die Hauptsache. Von allen Seiten sieht man übrigens, wie wohltätig aufrüttelnd der Casus auf die Frauenwelt eingewirkt hat. Ich kann mir denken, wie viele Zuschriften Du täglich erhältst, und namentlich an dem Tage, an dem, wie ich hoffe, diese Zeilen in Deine Hände gelangen werden.

Mit Freuden denke ich daran, wie schön es bei Euch im Garten jetzt ist. Jetzt müssen ja alle Eure Rosenstöcke im vollen Flor stehen, die große weiße »Madame Druschky« hinter dem Hause, die zarten rosenroten an der Hauptallee, die kleinen kletternden Crimson an der Veranda, dann die violetten Scabiosen am Eingang, die leuchtenden Malven am Zaun neben Deiner Laube, der niedrige Portulak am Atelier, die dunklen Nelken … Herrgott, ich werde ganz lüstern, wenn ich an all das denke. Wohl mir, daß ich Dich in diesem kleinen Paradies weiß!

Und nun tausend Wünsche und Grüße zum 4. Du weißt, ich verstehe keine richtigen Geburtstagsbriefe zu schreiben, und zwischen uns braucht es keine. Der 60. ist mir genausogut wie der 50. oder ein anderer, alles »Feierliche« und Konventionelle ist doch nichts für mich, und Du wirst von anderen genug damit geplagt werden, Du Ärmste. Also nur noch einen herzlichen Kuß und viele Grüße an den Dichter,[**] an Mutter Mohrle, an die kleine künftige Mimi, an die alte Mausy und an alle, alle Blumen.

Stets Deine R.

[*] Im *Vorwärts* vom 19. Mai 1917 wurde mitgeteilt, daß der Vorstand der Sozialdemokratischen Partei Deutschlands Clara Zetkin die Redaktion der *Gleichheit* entzogen hatte. Als Ersatz gab die USPD die »Frauen-Beilage der Leipziger Volkszeitung« heraus, deren Leitung Clara Zetkin übertragen wurde. Die erste Nummer dieser Beilage erschien am 29. Juni 1917. Sie enthielt unter anderem »Klara Zetkins Abschied von der ›Gleichheit‹«.

[**] Friedrich Zundel.

An Sophie Liebknecht

Breslau
2. August 1917

Meine liebste Sonitschka!

Ihr Brief, den ich am 28. erhielt, war die erste Nachricht, die mich hier von der Außenwelt erreichte, und Sie können sich leicht denken, wie sehr ich mich darüber freute. Meine Übersiedelung[*] nehmen Sie in Ihrer liebevollen Sorge um mich entschieden zu tragisch. Unsereiner lebt ja ständig »den Fuß

beim Male«, und ich nehme, wie Sie wissen, alle
Wendungen des Schicksals mit dem nötigen heite-
ren Gleichmut hin. Ich habe mich schon hier gut
eingelebt, heute sind meine Kisten mit Büchern
aus Wronke angekommen, bald werden also meine
zwei Zellen hier mit den Büchern und Bildchen und
dem bescheidenen Zierat, den ich sonst mit her-
umschleppe, wieder so anheimelnd und behaglich
aussehen wie in Wronke, und ich werde mit doppel-
ter Lust an die Arbeit gehen. Was mir hier fehlt, ist
natürlich die relative Bewegungsfreiheit, die ich dort
hatte, wo die Festung den ganzen Tag offenstand,
während ich hier einfach eingesperrt bin, dann die
herrliche Luft, der Garten und vor allem die Vögel!
Sie haben keine Ahnung, wie ich an dieser kleinen
Gesellschaft hing. Aber das alles kann man natürlich
entbehren, und bald werde ich vergessen, daß ich es
je besser hatte als hier. Die ganze Situation hier ist
so ziemlich genau wie in der Barnimstraße, nur der
hübsche grüne Lazaretthof fehlt, in dem ich doch
jeden Tag irgendeine kleine botanische oder zoologische Entdeckung machen konnte. Hier gibt es auf
dem großen gepflasterten Wirtschaftshof, der nur
zum Spaziergang dient, nichts zu »entdecken«, und
ich hefte krampfhaft meine Blicke beim Wandeln
auf die grauen Pflastersteine, um dem Anblick der
im Hofe beschäftigten Gefangenen zu entgehen, die
mir stets in ihrer diffamierenden Tracht eine Pein
sind und unter denen sich immer ein paar finden,
bei denen Alter, Geschlecht, individuelle Züge unter dem Stempel der tiefsten menschlichen Degra-
dation verwischt sind, die aber gerade durch einen

schmerzlichen Magnetismus immer wieder meine Blicke anziehen. Freilich gibt es auch wieder überall einzelne Gestalten, denen sogar die Gefängnistracht nichts anhaben kann und die ein Malerauge erfreuen würden. So entdeckte ich schon hier eine junge Arbeiterin im Hof, deren schlanke, knappe Formen sowie der tuchumwundene Kopf mit dem strengen Profil direkt eine Millet-Gestalt** abgeben; es ist ein Genuß, zu sehen, mit welchem Adel der Bewegungen sie Lasten schleppt, und das magere Gesicht mit der straff anliegenden Haut und dem gleichmäßig kreideweißen Teint erinnert an eine tragische Pierrot-Maske. Aber gewitzigt durch traurige Erfahrung, suche ich solchen vielversprechenden Erscheinungen weit aus dem Wege zu gehen. In der Barnimstraße hatte ich nämlich auch eine Gefangene entdeckt von wahrhaft königlicher Gestalt und Haltung und dachte mir ein entsprechendes »Interieur« dazu. Dann kam sie als Kalfaktrice auf meine Station, und es zeigte sich nach zwei Tagen, daß unter dieser schönen Maske ein solches Maß von Dummheit und niedriger Gesinnung steckt, daß ich fortan die Blicke immer abwendete, wenn sie mir in den Weg lief. Ich dachte mir damals, daß die Venus von Milo am Ende nur deshalb ihre Reputation als schönste der Frauen durch Jahrtausende hat bewahren können, weil sie schweigt. Würde sie den Mund auftun, dann könnte sich vielleicht herausstellen, daß sie im Grunde genommen eine Waschfrau oder eine Nähmamsell ist, und der ganze Charme wäre zum Teufel.

Mein Visavis ist das Männergefängnis, der übliche düstere, rote Backsteinbau. Aber quer über die

Mauer sehe ich die grünen Baumwipfel irgendeiner Anlage, eine große Schwarzpappel, die bei stärkerem Luftzug vernehmlich rauscht, und eine Reihe viel hellerer Edeleschen, die mit gelben (später tief braunen) Schotenbündeln behängt sind. Die Fenster geben auf Nordwest Aussicht, so daß ich manchmal schöne Abendwolken sehe, und Sie wissen, daß mich eine solche rosige Wolke allem entrücken und für alles entschädigen kann. In diesem Augenblick – 8 Uhr abends (in Wirklichkeit also 7)*** – ist die Sonne kaum hinter den Giebel des Männergefängnisses gesunken, sie scheint noch grell durch die Glasbodenluken im Dache, und der ganze Himmel leuchtet goldig. Ich fühle mich sehr wohl und muß – ich weiß selbst nicht, warum – das Ave Maria von Gounod leise vor mich hin singen (Sie kennen es wohl?).

Vielen Dank für die abgeschriebenen Goethe-Sachen. »Die berechtigten Männer« sind in der Tat schön, obschon sie mir von selbst nicht aufgefallen wären; man läßt sich ja auch manchmal die Schönheit eines Dings suggerieren. Ich möchte Sie noch bitten, mir gelegentlich »Anakreons Grab« abzuschreiben. Kennen Sie es gut? Ich habe es natürlich erst durch Wolfsche Musik richtig verstanden, im Lied macht es geradezu einen architektonischen Eindruck: Man meint einen griechischen Tempel vor sich zu sehen.

Sie fragen, »wie man gut wird«, wie man die »subalternen Teufel« in seinem Innern zum Schweigen bringt? Sonitschka, ich weiß dagegen kein anderes Mittel als eben jene Verknüpfung mit der Heiterkeit und Schönheit des Lebens, die stets überall um uns sind, wenn man nur versteht, Augen und Ohren zu gebrauchen, und die innerliches Gleichgewicht verschaffen, über alles Ärgerliche und Kleine hinwegheben …

Jetzt eben – ich habe eine kleine Pause gemacht, um den Himmel zu beobachten – ist die Sonne schon viel tiefer hinter dem Gebäude versunken, und hoch oben schweben – weiß Gott, woher – lautlos zusammengelaufene Myriaden kleiner Wölkchen, die am Rande silbrig leuchten, in der Mitte zartgrau, und alle ihre zerfetzten Umrisse nach dem Norden steuern. Es liegt so viel Unbekümmertheit und kühles Lächeln in diesem Wolkenflug, daß ich mitlächeln muß, wie ich immer den Rhythmus des umgebenden Lebens mitmachen muß. Wie könnte man bei solchem Himmel »bös« oder kleinlich sein? Vergessen Sie bloß nie, um sich zu blicken, dann werden Sie immer wieder »gut« sein.

Daß Karl [Liebknecht] ein Buch speziell über den Vogelgesang will, wundert mich ein wenig. Für mich ist die Stimme der Vögel untrennbar von ihrem ganzen Habitus und ihrem Leben, nur das Ganze interessiert mich, nicht irgendein losgerissenes Detail. Geben Sie ihm ein gutes Buch über Tiergeographie, das wird ihm sicher viel Anregung geben.

Hoffentlich kommen Sie bald zu Besuch zu mir! Sobald Sie Erlaubnis haben, telegraphieren Sie mir.

Ich umarme Sie vielmals
Ihre R

Gott gnade mir. Acht Seiten sind's geworden! Nun, für diesmal mag's hingehen. Dank für die Bücher.

Sagen Sie bitte gleich der Mathilde [Jacob], daß in meiner Leipziger Sache Revisionstermin am 8. d. M. ist, in Dresden, Oberlandesgericht, Gerichtsstraße 2II Zimmer 154.**** Sie soll es meinem Rechtsanwalt mitteilen.

* Rosa Luxemburg war am 22. Juli 1917 von Wronke in das Gefängnis in Breslau überführt worden.

** Jean-François Millet, französischer Maler

*** In Deutschland galt vom 16. April bis 17. September 1917 Sommerzeit, das heißt, die Uhren waren eine Stunde vorgestellt worden.

**** Rosa Luxemburg hatte am 6. Juli 1916 in Leipzig vor sozialdemokratischen Parteifunktionären über die durch die Parteispaltung geschaffene Lage, über die Kriegsziele und die Kriegskreditbewilligung gesprochen. Da die Versammlung nicht »ordnungsgemäß« angemeldet und der Vortrag nicht der Polizei vorgelegt worden war, wurden der Versammlungsleiter Johannes Scheib und Rosa Luxemburg durch amtsrichterlichen Strafbefehl aufgrund des Gesetzes über den Belagerungszustand von 1851 zu drei Tagen beziehungsweise sechs Wochen Gefängnis verurteilt. Der Einspruch der Verurteilten wurde am 29. März 1917 vor dem Schöffengericht in Leipzig behandelt. Das Urteil lautete auf 100 Mark Geldstrafe für Scheib und auf sechs Wochen Gefängnis für Luxemburg. Gegen dieses Urteil legte Rosa Luxemburg Revision ein, die am 8. August 1917 vom Sächsischen Oberlandesgericht Dresden verworfen wurde. Damit war das Urteil rechtskräftig.

An Sophie Liebknecht

Breslau
nach dem 16. November 1917

Meine geliebte Sonitschka, ich hoffe bald Gelegenheit zu haben, Ihnen endlich wieder diesen Brief zu schicken, und greife mit Sehnsucht zur Feder. Wie lange mußte ich jetzt die liebe Gewohnheit entbehren, mit Ihnen wenigstens auf dem Papier zu plaudern! Aber es ging nicht. Die wenigen Briefe, die ich schreiben durfte, mußte ich für Hans D[iefenbach] aufsparen, der ja darauf so wartete. Nun ist es damit vorbei, meine zwei letzten Briefe waren schon an einen Toten geschrieben, einen habe ich schon zurückgekriegt. Unfaßbar bleibt mir die Tatsache immer noch. Doch reden wir lieber nicht darüber, ich mache solche Sachen am liebsten mit mir allein ab, und wenn man mich »schonend« auf die schlimme Nachricht vorbereiten und durch eigenes Wehklagen »trösten« will, wie (Klara) es tat, so irritiert mich das nur unsagbar. Daß mich meine nächsten Freunde immer noch so wenig kennen und so unterschätzen, daß sie nicht begreifen: Das beste und feinste in solchen Fällen ist, mir schleunigst, aber kurz und einfach die zwei Worte zu sagen: Er ist tot – das kränkt mich. Doch Schluß damit.

Sonitschka, mein liebes Vöglein, wie oft denke ich an Sie; vielmehr sind Sie mir ständig gegenwärtig, und stets habe ich das Gefühl, Sie seien einsam und verweht wie ein frierender Sperling und ich müßte um Sie sein, um Sie aufzuheitern und zu beleben. Wie schade um die Monate und Jahre, die jetzt vergehen und in denen wir zusammen so viel schöne Stunden verleben könnten, trotz all dem Schrecklichen, was in der Welt vorgeht. Wissen Sie, Sonjuscha, je länger das dauert und je mehr das Niederträchtige und Ungeheuerliche, das jeden Tag passiert, alle Grenzen und Maße übersteigt, um so ruhiger und fester werde ich innerlich, wie man gegenüber einem Element, einem Buran, einer Wasserflut, einer Sonnenfinsternis nicht sittliche Maßstäbe anwenden kann, sondern sie nur als etwas Gegebenes, als Gegenstand der Forschung und Erkenntnis betrachten muß.

Gegen eine ganze Menschheit wüten und sich empören ist schließlich sinnlos.

Dies sind offenbar die objektiv einzig möglichen Wege der Geschichte, und man muß ihr folgen, ohne sich an der Hauptrichtung beirren zu lassen. Ich habe das Gefühl, daß dieser ganze moralische Schlamm, durch den wir waten, dieses große Irrenhaus, in dem wir leben, auf einmal, so von heute auf morgen wie durch einen Zauberstab ins Gegenteil umschlagen, in ungeheuer Großes und Heldenhaftes umschlagen kann und – wenn der Krieg noch ein paar Jahre dauern wird – umschlagen *muß*.

Dann werden genau dieselben Leute, die jetzt den Namen Mensch in unseren Augen schänden, im Heroismus mitrasen, und alles Heutige wird weggewischt und vertilgt und vergessen sein, wie wenn es nie gewesen wäre. Ich muß bei diesem Gedanken lachen, und zugleich im Innern regt sich bei mir der Schrei nach Vergeltung, nach Strafe: Wie, diese, alle Schurkereien sollen vergessen und unbestraft bleiben, und der heutige Auswurf der Menschheit soll morgen mit gehobenem Haupt, womöglich mit frischen Lorbeeren gekrönt, auf den Höhen der Menschheit wandeln und die höchsten Ideale verwirklichen helfen? Aber so ist die Geschichte. Ich weiß ganz genau, daß die Abrechnung nach »Gerechtigkeit« niemals stattfindet und daß man schon so alles hinnehmen muß. Ich weiß noch, wie ich mit heißen Tränen in Zürich als Studentin einmal Professor Sibers »Abriß der ursprünglichen ökonomischen Kulturen« las, wo die systematische Verdrängung und Austilgung der Rothäute Amerikas durch die Europäer beschrieben ist, und ich ballte die Fäuste vor Verzweiflung, nicht nur, daß solches möglich war, sondern daß das alles nicht gerächt, bestraft, vergolten worden ist. Ich zitterte vor Schmerz, daß jene Spanier, jene Angloamerikaner längst gestorben und vermodert sind und nicht wiedererweckt werden können, damit an ihnen all die Martern, die sie den Indianern zugefügt, vorgenommen werden. Aber das sind kindische Auffassungen, und so werden auch die heutigen Sünden wider den Heiligen Geist und all die Niedertracht sich in dem Wust historischer unbeglichener Rechnungen verlieren, und bald werden alle wieder »ein einig Volk von Brüdern« sein. Das kam mir so recht zum Bewußtsein, als ich heute von dem Telegramm las, das die Wiener Sozialdemokraten der Petersburger Lenin-Regierung geschickt haben. Begeisterte Zustimmung und Glückwünsche! Die Adler, Pernerstorfer, Renner, Austerlitz – und die Russen, die ihr Herzblut vergießen! Aber so wird es eben kommen, man wird später gar nicht anders je gewesen sein wollen … Übrigens war es von Anfang der Welt wohl nicht anders.

Lesen Sie mal in »Die Götter dürsten« von Anatole France. Ich halte dies Werk für so groß hauptsächlich deshalb, weil es mit genialem Blick für das Allzumenschliche zeigt: Seht, aus solchen Jammergestalten und solcher alltäglichen Kleinlichkeit werden in entsprechenden Momenten der Geschichte die riesenhaftesten Ereignisse und die monumentalsten Gesten gemacht. Man muß alles im gesellschaftlichen Geschehen wie im Privatleben nehmen: ruhig, großzügig und mit einem milden Lächeln. Ich glaube fest daran, daß sich schließlich alles nach dem Kriege oder zum Schluß des Krieges wendet, aber wir müssen offenbar erst durch eine Periode der schlimmsten, unmenschlichsten Leiden waten.

Es ist zum Lachen und zum Weinen, daß ein so zartes Vöglein, das zum Sonnenschein und unbekümmerten Gesang geboren war, wie Sie, in eine der düstersten und grausamsten Perioden der Weltgeschichte vom Schicksal verschlagen ward. Aber wir werden jedenfalls Seite an Seite die Zeiten durchschwimmen, und es wird schon gehen.

Apropos, meine letzten Worte wecken in mir eine andere Vorstellung, eine Tatsache, die ich Ihnen mitteilen möchte, weil sie mir so poetisch und so rührend vorkam. Ich las neulich in einem wissenschaftlichen Werk über den Vogelzug, der ja bis jetzt ein ziemlich rätselhaftes Phänomen darstellt, daß dabei beobachtet worden ist, wie verschiedene Arten, die sich sonst als Todfeinde befehden und auffressen, friedlich nebeneinander die große Reise südwärts übers Meer machen: Nach Ägypten kommen zum Winter gewaltige Scharen von Vögeln, die wie Wolken in der Höhe schwirren und den Himmel verdunkeln, und in diesen Scharen fliegen mitten unter Raubvögeln, Habichten, Adlern, Falken, Eulen, Tausende von kleinen Singvögeln, wie Lerchen, Goldhähnchen, Nachtigallen, ohne jede Angst mitten unter Räubern, die ihnen sonst nachstellen. Auf der Reise scheint also stillschweigend eine Trêve de dieu* zu herrschen; alle streben dem gemeinsamen Ziel zu und fallen halbtot vor Erschöpfung am Nil auf die Erde, um sich nach Arten und Landsmannschaften zu sondern. Ja, noch mehr: Man beobachtet, daß auf dieser Reise über »den großen Teich« große Vögel viele kleine auf ihrem Rücken transportieren, so hat man Scharen von Kranichen vorüberschwirren sehen (»Sieh da, sieh da, Timotheus!«),** auf deren Rücken winzige Singvögelchen lustig zwitscherten! Ist das nicht reizend?

Wenn es also mal auch für uns heißt, in Sturm und Drang »über das große Meer« zu fliegen, dann nehmen wir die Sonitschka auf den Buckel, und sie wird uns dort unterwegs sorglos zwitschern ...

Sagen Sie, waren Sie wieder einmal im Botanischen? Versäumen Sie das ja nicht! Dort gibt es immer was zu sehen und – wenn man auf Vogelstimmen achtet – auch zu hören. Ich war so glücklich, daß Ihnen »Orpheus in der Unterwelt« gefallen hat. Wie können Sie immer sagen, Sie seien nicht musikalisch, wenn Sie bei einer schönen Musik so vibrieren? Allerdings ist es qualvoll – wenigstens auch für mich –, schöne Musik ganz allein genießen zu müssen. Tolstoi hat nach mir das tiefste Verständnis gezeigt, als er sagte, die Kunst sei ein gesellschaftliches Verkehrsmittel, eine soziale »Sprache«. Sie ist dazu da, um sich mit geistesverwandten Menschen zu verständigen, und man empfindet am bittersten die Einsamkeit bei süßen Klängen einer herrlichen Musik oder vor einem tiefergreifenden Bilde.

Ich habe neulich in einer sonst geschmacklosen und kunterbunten Sammlung von Gedichten eins von Hugo von Hofmannsthal entdeckt. Ich mag ihn sonst gar nicht, finde ihn gesucht, raffiniert, unklar, ich verstehe ihn einfach gar nicht. Dieses Gedicht aber gefiel mir sehr und hat auf mich einen starken poetischen Eindruck gemacht. Ich lege es Ihnen anbei, vielleicht macht es Ihnen auch Vergnügen.

Ich bin jetzt tief in der Geologie. Sie wird Ihnen wohl als eine sehr trockene Wissenschaft vorkommen, das ist aber ein Irrtum. Ich lese sie mit fieberhaftem Interesse und leidenschaftlicher Befriedigung, sie erweitert kolossal den geistigen Horizont und verschafft eine so einheitliche, allumfassende Vorstellung von der Natur, wie keine Teilwissenschaft es vermag. Ich möchte Ihnen eine Menge davon erzählen, aber dazu müßten wir uns sprechen können, zusammen an einem Vormittag im Süden der Feld schlendern oder einander in einer stillen Mondnacht ein paarmal gegenseitig nach Hause hin- und herbegleiten. Was lesen Sie? Wie steht's mit der »Lessing-Legende«?*** Ich will von Ihnen alles wissen! Schreiben Sie – wenn es geht – sofort auf demselben Wege oder wenigstens auf dem offiziellen Wege, ohne diesen Brief zu erwähnen. Ich zähle auch schon im stillen die Wochen, bis ich Sie wieder hier sehen werde. Das wird doch wohl bald nach Neujahr sein, nicht wahr? Wie freue ich mich schon darauf!

Sonjuscha, ich möchte Sie um ein Weihnachtsgeschenk bitten: ein Bild von Ihnen. Das wäre das Schönste, was Sie mir geben können.

Was schreibt Karl? Wann werden Sie ihn wieder sehen?[****] Grüßen Sie ihn tausendmal von mir. Ich umarme Sie und drücke Ihnen fest die Hand, meine liebe, liebe Sonitschka! Schreiben Sie bald und viel!

Ihre RL

* Gottesfrieden
** Aus der Ballade »Die Kraniche des lbykus« von Friedrich von Schiller
*** »Die Lessing-Legende« von Franz Mehring.
**** Karl Liebknecht war im Zuchthaus Luckau eingekerkert.

An Sophie Liebknecht

Breslau
vor dem 24. Dezember 1917

Sonitschka, mein Vöglein, ich habe mich so über Ihren Brief gefreut, wollte gleich antworten, hatte aber gerade viel zu tun, wobei ich mich sehr konzentrieren mußte, deshalb durfte ich mir nicht den

Luxus gestatten. Dann aber wollte ich schon lieber auf Gelegenheit warten, weil es doch so viel schöner ist, zwanglos ganz unter uns plaudern zu können.

Ich dachte an Sie jeden Tag beim Lesen der Nachrichten aus Rußland und stellte mir mit Sorge vor, wie Sie bei jedem unsinnigen Telegramm grundlos in Aufregung geraten. Was jetzt von drüben kommt, sind ja meist Tatarennachrichten, und das stimmt doppelt für den Süden.* Den Telegrammagenturen liegt es (hüben wie drüben) daran, das Chaos möglichst zu übertreiben, und sie bauschen jedes unbeglaubigte Gerücht tendenziös auf. Bis die Dinge sich klären, hat es gar keinen Sinn und Grund, unruhig zu sein, so ins Blaue hinein, auf Vorschuß. Im allgemeinen scheinen die Dinge dort ganz unblutig zu verlaufen, jedenfalls sind alle Gerüchte von »Schlachten« unbestätigt geblieben. Es ist einfach ein erbitterter Parteikampf, der ja in der Beleuchtung bürgerlicher Zeitungskorrespondenten stets wie ein losgelassener Irrsinn und eine Hölle aussieht. Was nun die Judenpogrome betrifft, so sind alle dergleichen Gerüchte direkt erlogen. In Rußland ist die Zeit der Pogrome ein für allemal vorbei. Dazu ist die Macht der Arbeiter und des Sozialismus dort viel zu stark. Die Revolution hat die Luft drüben so gereinigt von Miasmen und von der Stickluft der Reaktion, daß Kischinjow** für immer passé ist. Eher kann ich mir in Deutschland noch Judenpogrome vorstellen … Jedenfalls herrscht die dazu passende Atmosphäre der Niedertracht, Feigheit, Reaktion und des Stumpfsinns. In dieser Hinsicht können Sie also für Südrußland völlig beruhigt sein. Da sich die Dinge dort zu einem sehr scharfen Konflikt zwischen der Petersburger Regierung und der Rada zugespitzt haben, so wird auch die Lösung und die Klärung sehr bald eintreten müssen, worauf man die Situation wird überblicken können. Von allen Standpunkten hat es absolut keinen Sinn, keinen Zweck, daß Sie sich aufs Ungewisse vor Angst und Unruhe verzehren. Halten Sie sich doch tapfer, mein kleines Mädchen, Kopf hoch, fest und ruhig bleiben. Es wird sich noch alles zum Besseren wenden, nur nicht gleich immer das Schlimmste erwarten! …

Ich hoffte fest darauf, Sie bald, im Januar, hier schon zu sehen. Nun heißt es, Mat[hilde] W[urm] wolle im Januar kommen. Mir wäre es schwer, auf Ihren Besuch im Januar zu verzichten, aber ich kann natürlich nicht disponieren. Wenn Sie erklären, Sie können nicht anders als im Januar, dann bleibt es vielleicht dabei; vielleicht kann Mat[hilde] W[urm] im Februar? Ich möchte jedenfalls bald wissen, wann ich Sie sehe.

Jetzt ist es ein Jahr, daß Karl in Luckau sitzt. Ich habe in diesem Monat oft daran gedacht. Und genau vor einem Jahr waren Sie bei mir in Wronke, haben mir den schönen Weihnachtsbaum beschert … Heuer habe ich mir hier einen besorgen lassen, aber man brachte mir einen ganz schäbigen, mit fehlenden Ästen – kein Vergleich mit dem vorjährigen. Ich weiß nicht, wie ich darauf die acht Lichtlein anbringe, die ich erstanden habe. Es sind meine dritten Weihnachten im Kittchen, aber nehmen Sie's ja nicht tragisch. Ich bin so ruhig und heiter wie immer.

Gestern lag ich lange wach – ich kann jetzt nie vor 1 Uhr einschlafen, muß aber schon um 10 ins Bett, weil das Licht ausgelöscht wird, dann träume ich mir Verschiedenes im Dunkeln. Gestern dachte ich also: Wie merkwürdig das ist, daß ich ständig in einem freudigen Rausch lebe – ohne jeden besonderen Grund. So liege ich z.B. hier in der dunklen Zelle auf einer steinharten Matratze, um mich im Hause herrscht die übliche Kirchhofsstille, man kommt sich vor wie im Grabe; vom Fenster her zeichnet sich auf der Decke der Reflex der Laterne, die vor dem Gefängnis die ganze Nacht brennt. Von Zeit zu Zeit hört man nur ganz dumpf das ferne Rattern eines vorbeigehenden Eisenbahnzuges oder ganz in der Nähe unter den Fenstern das Räuspern der Schildwache, die in ihren schweren Stiefeln ein paar Schritte langsam macht, um die steifen Beine zu vertreten. Der Sand knirscht so hoffnungslos unter diesen Schritten, daß die ganze Öde und Auswegslosigkeit des Daseins daraus klingt in die feuchte, dunkle Nacht. Da liege ich still, allein, gewickelt in diese vielfachen schwarzen Tücher der Finsternis, Langeweile, Unfreiheit, des Winters – und dabei klopft mein Herz von einer unbegreiflichen, unbekannten inneren Freude, wie wenn ich im strahlenden Sonnenschein über eine blühende Wiese gehen würde. Und ich lächle im Dunkeln dem Leben, wie wenn ich irgendein zauberhaftes Geheimnis wüßte, das alles Böse und Traurige Lügen straft und in lauter Helligkeit und Glück wandelt. Und dabei suche ich selbst nach einem Grund zu dieser Freude, finde nichts und muß wieder lächeln – über mich selbst. Ich glaube, das Geheimnis ist nichts anderes als das Leben selbst; die tiefe nächtliche Finsternis ist so schön und weich wie Sammet, wenn man nur richtig schaut; und in dem Knirschen des feuchten Sandes unter den langsamen, schweren Schritten der Schildwache singt auch ein kleines schönes Lied vom Leben – wenn man nur richtig zu hören weiß. In solchen Augenblicken denke ich an Sie und möchte Ihnen so gern diesen Zauberschlüssel mitteilen, um immer und in allen Lagen das Schöne und Freudige des Lebens wahrzunehmen, damit Sie auch im Rausch leben und wie über eine bunte Wiese gehen. Ich denke ja nicht daran, Sie mit Asketentum, mit eingebildeten Freuden abzuspeisen. Ich gönne Ihnen alle reellen Sinnesfreuden, die Sie sich wünschen. Ich möchte Ihnen nur noch dazu meine unerschöpfliche innere Heiterkeit geben, damit ich um Sie ruhig bin, daß Sie in einem sternbestickten Mantel durchs Leben gehen, der Sie vor allem Kleinen, Trivialen und Beängstigenden schützt.

Sie haben im Steglitzer Park einen schönen Strauß aus schwarzen und rosigvioletten Beeren gepflückt. Für die schwarzen Beeren kommen in Betracht entweder Holunder – seine Beeren hängen aber in schweren, dichten Trauben zwischen großen gefiederten Blattwedeln, sicher kennen Sie sie, oder, wahrscheinlicher, Liguster: schlanke, zierliche, aufrechte Rispen von Beeren und schmale, längliche grüne Blättchen. Die rosigvioletten, unter kleinen Blättern versteckten Beeren könnten die der Zwergmispel sein; sie sind zwar eigentlich rot, aber in dieser späten Jahreszeit, ein bißchen schon überreif und angefault, erscheinen sie oft violettrötlich; die Blättchen sehen der Myrte ähnlich: klein, spitz am Ende, dunkelgrün und lederig oben, unten rauh. [...] Ach Sonitschka, ich habe hier einen scharfen Schmerz erlebt. Auf den Hof, wo ich spaziere, kommen oft Wagen vom Militär, vollbepackt mit Säcken oder alten Soldatenröcken und -hemden, oft mit Blutflecken ..., die werden hier abgeladen, in die Zellen verteilt, geflickt, dann wieder aufgeladen und ans Militär abgeliefert. Neulich kam so ein Wagen, bespannt statt mit Pferden mit Büffeln. Ich sah die Tiere zum ersten Mal in der Nähe. Sie sind kräftiger und breiter gebaut als unsere Rinder, mit flachen Köpfen und flach abgebogenen Hörnern, die Schädel also unseren Schafen ähnlicher, ganz schwarz, mit großen sanften schwarzen Augen. Sie stammen aus Rumänien, sind Kriegstrophäen ... Die Soldaten, die den Wagen fuhren, erzählen, daß es sehr mühsam war, diese wilden Tiere zu fangen, und noch schwerer, sie, die an die Freiheit gewöhnt waren, zum Lastziehen zu benutzen. Sie wurden furchtbar geprügelt, bis sie begreifen lernten, daß sie den Krieg verloren hatten und daß für sie das Wort gilt »vae victis«*** ... An hundert Stück der Tiere sollen in Breslau allein sein; dazu bekommen sie, die an die üppige rumänische Weide gewohnt waren, elendes und karges Futter. Sie werden schonungslos ausgenutzt, um alle möglichen Lastwagen zu schleppen, und gehen dabei rasch zugrunde. – Vor einigen Tagen kam also ein Wagen mit Säcken hereingefahren. Die Last war so hoch aufgetürmt, daß die Büffel nicht über die Schwelle bei der Toreinfahrt konnten. Der begleitende Soldat, ein brutaler Kerl, fing an, derart auf die Tiere mit dem dicken Ende des Peitschenstiels loszuschlagen, daß die Aufseherin ihn empört zur Rede stellte, ob er denn kein Mitleid mit den Tieren hätte.

»Mit uns Menschen hat auch niemand Mitleid«, antwortete er mit bösem Lächeln und hieb noch kräftiger ein ... Die Tiere zogen schließlich an und kamen über den Berg, aber eines blutete ... Sonitschka, die Büffelhaut ist sprichwörtlich an Dicke und Zähigkeit, und die war zerrissen. Die Tiere standen dann beim Abladen ganz still, erschöpft, und eins, das, welches blutete, schaute dabei vor sich hin mit einem Ausdruck in dem schwarzen Gesicht und den sanften schwarzen Augen wie ein verweintes Kind. Es war direkt der Ausdruck eines Kindes, das hart bestraft worden ist und nicht weiß, wofür, weshalb, nicht weiß, wie es der Qual und der rohen Gewalt entgehen soll ... Ich stand davor, und das Tier blickte mich an, mir rannen die Tränen herunter – es waren seine Tränen, man kann um den liebsten Bruder nicht schmerzlicher zucken, als ich in meiner Ohnmacht um dieses stumme Leid zuckte. Wie weit, wie unerreichbar, verloren die schönen freien saftiggrünen Weiden Rumäniens! Wie anders schien dort die Sonne, blies der Wind, wie anders waren die schönen Laute der Vögel, die man dort hörte, oder das melodische Rufen des Hirten. Und hier – diese fremde, schaurige Stadt, der dumpfe Stall, das ekelerregende muffige Heu, mit faulem Stroh gemischt, die fremden, furchtbaren Menschen und – die Schläge, das Blut, das aus der frischen

Wunde rinnt ... Oh, mein armer Büffel, mein armer, geliebter Bruder, wir stehen hier beide ohnmächtig und stumm und sind nur eins in Schmerz, in Ohnmacht, in Sehnsucht. – Derweil tummelten sich die Gefangenen geschäftig um den Wagen, luden die schweren Säcke ab und schleppten sie ins Haus; der Soldat aber steckte beide Hände in die Hosentaschen, spazierte mit großen Schritten über den Hof, lächelte und pfiff leise einen Gassenhauer. Und der ganze herrliche Krieg zog an mir vorbei.

Schreiben Sie schnell.

Ich umarme Sie, Sonitschka

Ihre R

Sonjuscha, Liebste, seien Sie trotz alledem ruhig und heiter. So ist das Leben, und so muß man es nehmen, tapfer, unverzagt und lächelnd – trotz alledem. Fröhliche Weihnachten! ...

R

---

* Sophie Liebknecht stammte aus Rostow am Don.
** Kischinjow hatte im April 1903 eine vom zaristischen Regime geschaffene bewaffnete Organisation Juden, Studenten, Revolutionäre und Arbeiter terrorisiert. Diese Pogrome waren eine Reaktion des Zarenregimes auf Streiks und Demonstrationen der Arbeiter gewesen.
*** Wehe den Besiegten

Bibliographie

Arendt, Hannah (1951). *The Origins of Totalitarianism*. New York: Schocken Books; (1955). *Elemente und Ursprünge totaler Herrschaft*. Frankfurt am Main: Europäische Verlagsanstalt.

Arendt, Hannah (1958). *The Human Condition*. Chicago: University of Chicago Press; (1960). *Vita activa oder Vom tätigen Leben*. Stuttgart: Kohlhammer.

Arendt, Hannah (1958). »Kultur und Politik« (1958). In: *Zwischen Vergangenheit und Zukunft. Übungen im politischen Denken I*, hrsg. von Ursula Ludz. München/Zürich: Piper 1994, S. 277–304.

Arendt, Hannah (1963). *On Revolution*. New York: Viking; (1965). *Über die Revolution*. München/Zürich: Piper.

Arendt, Hannah (1966). »A Heroine of Revolution«. Text über Rosa Luxemburg in *The New Yorker*.

Arendt, Hannah (1968). »The Crisis of Culture«. In: *Between Past and Future*. New York: Penguin Books; (1994). *Zwischen Vergangenheit und Zukunft. Übungen im politischen Denken I*, hrsg. von Ursula Ludz. München/Zürich: Piper 1994.

Arendt, Hannah (1968). *Men in Dark Times*. New York: Harcourt Brace; (1989). *Menschen in finsteren Zeiten*. München/Zürich: Piper.

Arendt, Hannah (1970). »Ziviler Ungehorsam«. In: *Zur Zeit. Politische Essays*. Aktualisierte, erweiterte Neuausgabe, hrsg. und mit einem Nachwort versehen von Marie Luise Knott. Hamburg: Rotbuch-Verlag 1999, S. 119–159.

Arendt, Hannah/Jaspers, Karl (1993). *Briefwechsel 1926–1969*, hrsg. von Lotte Köhler und Hans Saner. 3. Auflage. München/Zürich: Piper.

Bavel, Bas van (2016). *The Invisible Hand? How Market Economies have emerged and declined since ad 500*. Oxford: Oxford University Press.

Blatter, Sidonia (2005). »Rosa Luxemburg and Hannah Arendt. Against the Destruction of Political Spheres of Freedom«. In: *Hypatia: A Journal of Feminist Philosophy* 20, Nr. 2.

Bloch, Ernst (1955). *Das Prinzip Hoffnung*. Berlin: Aufbau.

Evans, Kate (2015). *Red Rosa*. London: Verso Books.

Frieling, Simone (2018). *Rebellinnen. Hannah Arendt, Rosa Luxemburg & Simone Weil*. Berlin: Ebersbach & Simon.

Frölich, Paul (1939). *Rosa Luxemburg. Gedanke und Tat*. Paris: Ed. nouv. internat.

Hermsen, Joke J. (1999). *The Judge & The Spectator. Hannah Arendts Political Philosophy*. In Zusammenarbeit mit Dana Vila. Leuven: Uitgeverij Peeters.

Hermsen, Joke J. (2014). *Kairos. Een nieuwe bevlogenheid*. Amsterdam: De Arbeiderspers.

Hermsen, Joke J. (2017). *Melancholie van de onrust*. Amsterdam: De Arbeiderspers.

Hetmann, Frederik (1976). *Rosa Luxemburg*, übersetzt von Tinke Davids. Bussum: Het Wereldvenster.

Hirsch, Helmut (1970). *Rosa Luxemburg: strijdbaar en menselijk*. Amsterdam: H. J. Paris.

Hoek, Cris van der (2000). *Een bewuste pariah. Hannah Arendt en de feministische filosofie*. Meppel: Boom.

Lamoureux, Diane (2010). *Pensées rebelles. Autour de Rosa Luxemburg, Hannah Arendt et Françoise Collin*. Montréal: Les éditions du remue ménage.

Llieshi, Bleri (2019). *De kracht van hoop*. Antwerpen: EPO.

Louis, Édouard (2018). *Qui a tué mon père?* Paris: Editions du Seuil.

Louis, Édouard (2018). Interview mit *The New Yorker* (15. Dez. 2018).

Luxemburg, Rosa (1899). *Sozialreform oder Revolution?* Leipzig: Verlag der Leipziger Volkszeitung.

Luxemburg, Rosa (1906). *Massenstreik, Partei und Gewerkschaften*. Hamburg: Erdmann Dubber.

Luxemburg, Rosa (1916). *Junius-Broschüre*. Bern: Unionsdruckerei.

Luxemburg, Rosa (1918). »Was will der Spartakusbund?« In: *Die Rote Fahne*, Nr. 29, 14. Dez.

Luxemburg, Rosa (1918). *Die Sozialisierung der Gesellschaft*.

Luxemburg, Rosa (1919). »Die Ordnung herrscht in Berlin«. In: *Die Rote Fahne*, Nr. 14 vom 14. Jan. – In: *Politische Schriften* (1975), Bd. 2. Frankfurt a. M.: Europäische Verlagsanstalt.

Luxemburg, Rosa (1922). *Die russische Revolution. Eine kritische Würdigung. Aus dem Nachlass. Herausgegeben und eingeleitet von Paul Levi*. Berlin: Gesellschaft und Erziehung.

Luxemburg, Rosa (1983). *Gesammelte Werke*, Bd. I – IV. Berlin: Dietz Verlag.

Luxemburg, Rosa (1984). *Gesammelte Briefe*. Berlin: Dietz Verlag.

Nettl, J. P. (1967). *Rosa Luxemburg*. New York: Science & Society.

Nye, Andrea (1994). *The thought of Rosa Luxemburg, Hannah Arendt & Simone Weil*. London: Routledge.

Orwell, George (1976). *1984*, übersetzt von Kurt Wagenseil. Frankfurt a. M./Berlin/Wien: Ullstein.

Pekelder, Willem (2018).»Duistere praktijken in huize Doorn«. In: *Trouw* (27.12.2018).

Piketty, Thomas (2014). *Das Kapital im 21. Jahrhundert*. München: C. H. Beck.

Ploeg, Rick van der (2018).»Hoogleraar vanuit Oxford over het klimaatakkord«. In: *Volkskrant* (21. Dez. 2018).

Reybrouck, David Van (2016). *Gegen Wahlen: Warum Abstimmen nicht demokratisch ist*. Göttingen: Wallstein.

Rijk, Mirjam de (2018).»De lonen stijgen niet en de winsten wel – en wel hieron«. In: *De Groene Amsterdammer* (28.02.2018).

Roland Holst, Henriette (1935). *Rosa Luxemburg*. Rotterdam: Brusse's Uitgeverij; (1937). Zürich: Jean Christophe-Verlag 1937.

Hudis, Peter/Anderson, Kevin B. (Hrsg.) (2004). *The Rosa Luxemburg Reader*. New York: Monthly Review Press.

Rose, Jacqueline (2014). *Women in Dark Times*. London: Bloomsbury Publishing.

Schulman, Jason (2013). *Rosa Luxemburg: Her Life & Legacy*. London: Palgrave Macmillan.

Solnit, Rebecca (2016). *Hope in the dark. Untold Histories, Wild Possibilities*. Edinburgh: Canongate.

Solnit, Rebecca (2018).»Als je denkt dat het hopeloos slecht gaat net de wereld, lees dan dit verhaal«. In: *De Correspondent*.

Tjeenk Willink, Herman (2018). *Groter denken, kleiner doen*. Amsterdam: Prometheus.

Wimmer, Reiner (1995). *Jüdische Philosophinnen. Rosa Luxemburg, Hannah Arendt & Simone Weil*. Tübingen: Attempta.

Zuboff, Shoshana (2019). Interview mit *The Guardian* (20. Jan. 2019).

Zuboff, Shoshana (2019). *The Age of Surveillance Capitalism*. London: Profile. *Das Zeitalter des Überwachungskapitalismus*. Frankfurt a. M.: Campus.

Dank

Auch das Schreiben eines Essays ist eine Handlung »im Konzert« mit anderen. Obwohl das Schreiben eine einsame Tätigkeit ist, lässt sich das Lesen und Teilen des Inhalts mit anderen bereits als eine politische Handlung bezeichnen. Ich möchte Renée Borgonjen, Coen Simon und Job Lisman für das Lesen und Kommentieren früherer Fassungen dieses Essays danken. Cris van der Hoek und Brenda Ottjes, Kenner des Werks von Hannah Arendt und Rosa Luxemburg, möchte ich für ihren aufmerksamen Blick danken – ihnen ist es zu verdanken, dass ich die philosophische Begegnung zwischen den beiden Denkerinnen besser beschreiben konnte. Meinen Kindern Rodante und Sebald van der Waal möchte ich für ihre kritischen Anmerkungen, ihre politische Wachsamkeit und ihren jugendlichen Elan danken, die mir den nötigen Mut gaben, diesen Text, der vor allem für ihre Generation geschrieben worden ist, zu vollenden. Allen dreißig Mitgliedern des Rosa-Luxemburg-Lesekreises möchte ich hier ebenfalls für ihren Enthusiasmus und die leidenschaftlichen Debatten danken, der Stiftung Amor Mundi und dem Internationalen Institut für Sozialgeschichte (IISG) in Amsterdam für ihre Einladung, diesen Essay auf dem Symposium *Uit liefde voor de wereld* (»Aus Liebe zur Welt«) zu präsentieren. Jaap de Jonge schließlich möchte ich für seine Fürsorge und Unterstützung während des Schreibens an diesem Essay danken.

Biographie der Autorin

Joke J. Hermsen (1961) ist eine niederländische Schriftstellerin und Philosophin, die in Paris und Amsterdam studiert hat. Im Jahr 1999 veröffentlichte sie gemeinsam mit Dana Villa *The Judge & the Spectator. Hannah Arendts Political Philosophy*. Ihr historischer Roman *De liefde dus* (2004) über Belle van Zuylen beziehungsweise Madame de Charrière, einer Philosophin aus dem 18. Jahrhundert, und ihr literarisches Sittenbild *Blindgangers* (2012) wurden für den Libris Literaturpreis nominiert. Ihr Essay über die Zeit, *Stil de tijd* (2010), wurde mit dem Jan Hanlo Essay-Preis gewürdigt und erzielte fünfundzwanzig Auflagen. *Kairos. Een nieuwe bevlogenheid* (2014) als auch *Melancholie van de onrust* (2017) waren jeweils als bestes Philosophiebuch des Jahres nominiert. Ihr jüngster Roman *Rivieren keren nooit terug* (2018) erzählt eine Geschichte über Zeit, Erinnerung und eine erste Liebe. Ihr Essay *Het tij keren. Met Rosa Luxemburg en Hannah Arendt* wurde auch bereits ins Arabische, Spanische, Englische, Norwegische und Dänische übersetzt.

© Marijn Smulders

Lesen Sie weiter …

Martin Michael Driessen An den Flüssen
Erzählungen
Drei Flüsse schlingern durch Landschaften, sie verlassen ihr
Bett, sie schwellen an, sie tragen Fracht. Sie mäandern durch
die Leben der Menschen – auf dem Wasser, an den Ufern.
Aus dem Niederländischen von Gerd Busse
SVLTO. Rotes Leinen. Fadengeheftet. 144 Seiten

Josepha Mendels Du wusstest es doch
Roman
Josepha Mendels führte ein für damalige Verhältnisse
beispiellos unabhängiges Leben und setzte mit der Figur der
Henriëtte allen frei denkenden, fühlenden und handelnden,
ebenso verrückten wie lebensklugen Frauen ein Denkmal.
Aus dem Niederländischen von Marlene Müller-Haas
Quart*buch*. Gebunden mit Schutzumschlag. 192 Seiten

J. J. Voskuil Die Mutter von Nicolien
Roman
Eine Frau wird buchstäblich um den Verstand gebracht –
von einer Krankheit. Mitunter ist es zum Lachen, welche
absurden Bemerkungen sie macht. Doch vor allem ist ihr
Vergessen beunruhigend. Schleichend entwickelt sich die
Demenz, unberechenbar. Eine wahre, ebenso traurige wie
alltägliche Geschichte.
Aus dem Niederländischen von Gerd Busse
Quart*buch*. Gebunden mit Schutzumschlag. 256 Seiten

Wenn Sie mehr über den Verlag und seine Bücher wissen möchten,
schreiben Sie uns eine Postkarte oder elektronische Nachricht (mit
Anschrift und E-Mail). Wir informieren Sie dann regelmäßig über
unser Programm und unsere Veranstaltungen.

Verlag Klaus Wagenbach Emser Straße 40/41 10719 Berlin
www.wagenbach.de vertrieb@wagenbach.de

Rosa Luxemburgs Verständnis von Demokratie macht sie zu einer der interessantesten Figuren in der Geschichte der Linken. Diese Buch führt anhand von Originaltexten in ihr Denken ein. Ein kraftvolles Plädoyer für die Selbst-Emanzipation der Menschen.

Lutz Brangsch / Miriam Pieschke (Hrsg.)

Sich nicht regieren lassen

Rosa Luxemburg zu Demokratie und linker Organisierung
Ein Lesebuch

Dietz Berlin

Lutz Brangsch/ Miriam Pieschke (Hrsg.)
Sich nicht regieren lassen
Rosa Luxemburg zur Demokratie und linker Organisierung
Ein Lesebuch
206 Seiten, Broschur mit Poster, ISBN 978-3-320-02379-9

 **Dietz Berlin**
dietzberlin.de

Rosa und Hannah erschien im Frühjahr 2021 als
259. *SVLTO*.

Die niederländische Originalausgabe erschien 2019
unter dem Titel *Het tij keren. Met Rosa Luxemburg
en Hannah Arendt* bei Uitgeverij Prometheus in
Amsterdam.
Der Abdruck der Briefe Rosa Luxemburgs erfolgte mit
freundlicher Genehmigung des Dietz Verlags.

Diese Publikation wurde finanziell unterstützt von der
Dutch Foundation for literature.

2. Auflage 2021

© 2019 by Joke Hermsen
© 2021 für die deutsche Ausgabe:
Verlag Klaus Wagenbach
Emser Straße 40/41, 10719 Berlin   www.wagenbach.de
Covergestaltung Julie August unter Verwendung eines
Portraits von Hannah Arendt (1941) © picture alliance/
Fred Stein und eines Portraits von Rosa Luxemburg
© Ria Novosti/Sputnik/dpa/picture alliance. Gesetzt
aus der Minion Pro. Vorsatzpapier und Leinen von
Gebr. Schabert, Strullendorf. Gedruckt auf Schleipen
und gebunden bei Eberl & Kœsel FinePrints,
Altusried-Krugzell.
Printed in Germany. Alle Rechte vorbehalten.

ISBN 978 3 8031 1358 0